Max Schneidewin

Über die neue Philosophie des Unbewussten

Max Schneidewin

Über die neue Philosophie des Unbewussten

ISBN/EAN: 9783743605145

Hergestellt in Europa, USA, Kanada, Australien, Japan

Cover: Foto ©Thomas Meinert / pixelio.de

Weitere Bücher finden Sie auf **www.hansebooks.com**

Ueber die neue "Philosophie des unbewussten".

Max Schneidewin

Ueber
die neue „Philosophie des Unbewußten."
Einleitendes. — Ueber unbewußte und doch psychische Thätigkeit in gewissen Functionen animalischer Organismen.*)

Die wesentliche Aufgabe meiner Abhandlung über die neue Philosophie des Unbewußten wird die Untersuchung der Frage sein: ist die neue Ph. d. U. wahr, eventuell, was an ihr ist wahr und neu? Die Stellung dieser Frage setzt zunächst die Anerkennung wenigstens der Möglichkeit voraus, daß die philosophische Wahrheit, d. h. die richtige wissenschaftliche Erklärung des Seienden aus den letzten Principien, ein individueller Fund sein, oder falls sie etwa als Resultat aus dem Zusammenwirken individueller Geistesarbeit im Verlaufe einer geschichtlichen Entwicklung zu erwarten wäre, gerade in unserer Zeit erreicht werden könnte. Die präliminarische Untersuchung dieser Voraussetzung, welche sich theils mit dem Postulat eines (relativ) ewig gegebenen Kernes göttlicher Offenbarung, theils mit dem Begriff der geschichtlichen Entwickelung auseinander zu setzen hätte, würde den mir hier zugemessenen Raum weit überschreiten; ich bemerke an diesem Orte deshalb nur, daß keine in Beziehung auf die eben berührten Fragen etwa vorgefaßte dogmatische Meinung die Kraft hat, die Ueberzeugung zu erschüttern, daß, wenn irgend Etwas, so die redliche wissenschaftliche Besinnung und Arbeit die philosophische Wahrheit sei es zu finden, sei es sich anzueignen die Aussicht hat. Die weitere Voraussetzung bei der Wahl des obigen Thema's ist natürlich, daß das neue System des Herrn Dr. Eduard von Hartmann, des Verfassers der „Philosophie des Unbewußten" (zweite Auflage Berlin 1870) nicht etwa nur geistreich und originell ist, welche Eigenschaften ihm in der That Niemand wird absprechen wollen, sondern auch eine neue unter den, so zu sagen, objectiv möglichen Lösungen des philosophischen Problems darstellt. Denn der Unendlichkeit bloß individueller Einfälle und Ansichten wird man von vornherein die Berücksichtigung versagen müssen, wo es auf die Erkenntniß der Einen Wahr-

---

*) Ich gedenke die darstellende und kritische Arbeit über die Ph. d. U. in einer philosophischen Zeitschrift zu vollenden, da der mir hier zugemessene Raum für das Ganze nicht ausreicht und dieser Umstand doch kein genügender Grund war, auf diejenige Ausführlichkeit im Einzelnen zu verzichten, welche mit gewichtigere Gründe geboten.

heit ankommt. Allein ich glaube auch, daß schon der Anfang einer Kenntnißnahme des Werkes des Herrn von Hartmann genügt, um den Aufstellungen dieses Denkers den Charakter weitreichender wissenschaftlicher Hypothesen zuzuerkennen, welche das Forum der Kritik einer eingehenden Beachtung zu würdigen nicht unterlassen darf. — Ich bedauere, meine Kritik der Ph. d. U., aus mehreren Gründen jetzt nicht in der Form ausüben zu können, welche ich für den idealen Typus solcher Beurtheilungen philosophischer Systeme halte. Ich werde nämlich nicht aus eigner und bei dem Leser vorauszusetzender vollständig freier Beherrschung des Inhalts dieses neuen Systems heraus die, in diesem Falle klar ersichtlichen, entscheidenden Punkte des Ganzen zur Operationsbasis der Discussion nehmen können, sei es, um die Wahrheit des ganzen Systems von dem neuen Standpunkte des Kritikers bestätigend in's hellste Licht zu setzen, sei es, um die Niederreißung desselben von den zur Brechelegung geeignetsten Stellen zu vollziehen, sei es, um die Mitte zwischen Beiden zu halten. Vielmehr wird eine kurze und sich wesentlich auf die Grundzüge beschränkende Reproduction des Systems — welcher sich dann eine verhältnißmäßig weniger freie Kritik nur anschließt — aus dem doppelten äußeren Grunde nöthig sein, weil ich jene vollkommen freie Beherrschung der mit der Philosophie des Unbewußten gegebenen neuen Gedankenwelt weder bei dem Leser voraussetzen darf, noch auch vor jener höchst förderlichen Arbeit der Reproduction von mir selbst behaupten möchte. Einen gewöhnlichen Hauptfehler dieser Art der — mit Reproduction verbundenen — Kritik aber werde ich mit allen Kräften zu vermeiden suchen: den Fehler nämlich, unter stillschweigender Voraussetzung der vollständigen Congruenz des objectiven Gedankeninhaltes eines specifischen Systems mit der literarischen Darstellung desselben durch seinen Urheber oder vornehmlichsten Repräsentanten, sich gar zu ängstlich an die Worte desselben zu hängen, wie sie sich gerade in der zufälligen literarischen Urkunde finden, als ob diese immer das nothwendige und beste, und nicht häufig das mehr oder weniger willkürlich gewählte, ja bisweilen wenig passende Gewand des betreffenden Gedankens wäre. Kein concretes philosophisches Werk ist in dem Grade der absolut vollkommene Ausdruck seines reinen Gedankeninhalts im Medium der successiven sprachlichen Darstellung — was Niemand treffender ausgesprochen hat als Böck, s. die Anführungen von Bratuschek, philos. Monatshefte I., Heft 4, S. 282 f. —, daß es nicht leicht sein sollte, wenn man eben die philosophischen Gedanken bloß nach ihrer sprachlich in ihrer jedesmaligen literarischen Hauptquelle überlieferten Fassung erwägt, oftmals scheinbar siegreich den Gedanken anzugreifen, ἐάν τις ῥήματι ἁμαρτῇ ἕρμαιον τοῦτο ποιούμενον, wie schon Plato tadelt (Gorg. 489 C.), wo man in Wahrheit nur der zufälligen schriftstellerischen Darstellung etwas anhaben kann, oder nicht die umgekehrte Gefahr nahe läge, bis zur Erkenntniß der Unhaltbarkeit eines Gedankens durch die bestehende Verhüllung der Worte nicht durchzudringen. Ich werde also, da ich nicht ein Buch recensiren, sondern ein System darlegen und beurtheilen will, mich aller wohlfeilen argumenta ad hominem entschlagen und überall auf den sachlichen Kern der Gedanken zu gehen suchen.

Die Philosophie des Unbewußten hat die Aufgabe, alle diejenigen empirischen Thatsachen, aus denen ihr zufolge auf die bisher höchstens unbestimmt vermuthete Existenz unbewußten und doch psychischen Geschehens geschlossen werden muß, ordnungsgemäß eben zu dem Zwecke zusammenzustellen, um das Gegebensein unbewußter psychischer Thätigkeit nachzuweisen; sodann aber mittels des somit gewonnenen Begriffes „des Unbewußten" die Aufgaben zu lösen, an denen sich bisher die Metaphysik ohne den Schlüssel dieses Begriffes versucht hat. — Die Ph. b. U. ist nicht im Stande, auch für den mit den bisherigen philos. Begriffen Bekannten gleich anfangs ihre eigene Aufgabe mit hinlänglicher Deutlichkeit mitzutheilen: „Das Unbewußte" als Collectivbegriff würde die nothwendig sich aufbringende Frage nach allen den Subjecten, welchen das gemeinschaftliche Prädicat des Unbewußten zukommt, gänzlich offen lassen; „das Unbewußte", zur Bezeichnung eines einheitlichen unbekannten Subjectes eben mittels dieses Prädikates eingeführt, würde eine etwaigen späteren Resultaten vorgreifende petitio principii sein: unbewußte psychische Thätigkeit eben desselben Subjectes, welches auch das der bewußten Thätigkeiten ist, das ist der einzige Begriff, auf dessen, als eines in der Wirklichkeit vorkommenden, Nachweisung wir mit völligem Verständniß gleich eingangs hingewiesen werden können. Wir sind hier also, wie öfters bei wissenschaftlichen Disciplinen, in dem Falle, die völlige Verdeutlichung des leitenden Begriffes erst in dem Verlauf der Gedankenentwicklung selbst erwarten zu müssen.

Die Methode der Ph. b. U. ist die inductive, die einzig mögliche neben der dialektischen und der deductiven. Die dialektische Methode hat Herr v. H., selbst nach der namentlich von Trendelenburg und Haym bereits gegen sie geübten vernichtenden Kritik, auch seinerseits in einem besondern Buche (Berlin 1868) einer eingehenden Prüfung zu unterwerfen die Gründlichkeit gehabt; ich habe das Buch nicht gelesen, aber von dem Geist seines Verfassers ist zu erwarten, daß es auch jetzt noch keine nach Athen getragene Eule gewesen ist (vgl. das Urtheil Bergmanns in den philos. Monatsheften, I, 5., S. 393). Die deductive Methode leidet an dem wesentlichen Mangel, daß sie, da dieselbe Wirkung verschiedene Ursachen haben kann, besten Falles, auch wenn ihre Deductionen von allen Unvollkommenheiten des individuellen Denkens unberührt geblieben sein sollten, ihren Wahrscheinlichkeitsgrad nur bis zu der Möglichkeit ihrer Principien bringen kann. Abgesehen aber von dieser ihrer nothwendigen innerlichen Unvollkommenheit ist sie vom Gesichtspunkte ihrer Zweckmäßigkeit für die Mittheilung der inductiven bei weitem unterlegen, namentlich weil ihr Ausgangspunkt (das oberste Princip) für den Anderen als ein rein willkürlicher Griff erscheinen muß und der ferne Zusammenhang desselben mit den unmittelbar Gegebenen, dem natürlichen Ausgangspunkte, erst mit dem letzten Gliede der Deduction klar wird. Die somit allein übrig bleibende von Unten nach Oben aufsteigende Methode dagegen führt von dem Gegebenen der Erfahrung allmälich zu immer höheren Principien (immer umfassenderen entfernteren Ursachen); sie thut dieses mittels einer Anzahl von Inductionsreihen, deren Gültigkeit bei jeder einzelnen speciell controlirbar ist, und von denen jede als gültig befundene jede andere stützt, während einzelne etwa als unrichtig erkannte den mittels ihrer Gesammtheit gewonnenen Wahrscheinlichkeitsgrad des Principes doch noch nicht wesentlich alteriren (vgl. E. v. Hartmann in den philos. Monatsheften IV, S. 60). Auf diese Weise bietet die inductive Methode, besonders sofern die Inductionsreihen sich unter einander nicht alle parallel sind, sondern in untergeordnete und übergeordnete Gruppen zerfallen, auch stets eine große Aussicht auf mindestens partielle geistige Ausbeute, (was dem Studium philosophischer Werke nach dieser Methode in der That das wünschenswerthe Vertrauen auf unausbleibliche materiale Selbstförderung verleiht). Uebrigens wird die Ph. d. U. die aus ihren Inductionsreihen zu erschließenden Principien weiter aufwärts verfolgen, als es die geringe Fraction der bisher schon inductiv verfahrenden Philosophie gewohnt ist, und gesteht sich ein, wenigstens insofern die Deduction nicht heuristisch zu verschmähen, als die Intuition, sobald einmal das inductive Verfahren die rechte Richtung auf die letzten Principien gefunden hat, die noch fehlenden Zwischenglieder überspringt und von den Principien aus die Wahl derselben, welche für den Beweis und die Mittheilung doch nöthig sind, regelt. — Dieser ganze Abschnitt über die Methode ist klassisch, namentlich auch vollkommen richtig, daß der gegenwärtige Standpunkt der Speculation einerseits und der Naturwissenschaft andererseits die von der Ph. d. U. vertretene Methode erfordert.

Vorgänger hinsichtlich ihres Hauptbegriffes glaubt die Ph. d. U. nur in der Epoche der Geschichte der Philosophie seit Cartesius statuiren zu können. (Ich erinnere jedoch an das aristotelische ὁρεκτικόν der Seele, welches sehr nahe herankommt an „das Unbewußte im organischen Bilden".) Cartesius und ganz ausdrücklich Locke nehmen die Begriffe „Vorstellungen haben" und „sich einer Sache bewußt sein" noch als identisch an. (Hier hätte auch Berkeley erwähnt werden sollen, der — in noch weit höherem Grade als Locke — diametrale Antipode der Ph. d. U., welcher das Unbewußte nicht nur im Psychischen nicht kennt, sondern das Bewußtsein sogar zum allgemeinen Kriterium der Seinsmöglichkeit macht.) Leibnitz führt zuerst den Begriff unbewußter Vorstellung ein, um die cartesianische Behauptung unaufhörlichen Denkens der Seele als eines denkenden Wesens und, Locke gegenüber, die angeborenen Ideen zu retten, welche nun eben gar nicht, der Erfahrung zuwider, als fertig und bewußt, sondern nur „als gewisse active und passive Anlagen" angenommen zu werden brauchen. Leibnitz scheint dem Princip der unbewußten Vorstellungen andeutungsweise schon einen sehr weiten Spielraum (für die Erklärung der Gefühle, Instincte u. s. w.) zu geben und kann nur auf dieses Princip (nämlich die unbewußte Wiederspiegelung des Makrokosmus und ihrer Stelle darin seitens jeder Monade) die Möglichkeit seiner prästabilirten Harmonie der Monaden unter einander stützen. Diese vom Standpunkte der Ph. d. U. große Entdeckung hat aber in Leibnitzens eigenem Geist dadurch eine ganz schiefe Auffassung bekommen, daß er zwischen bewußten und unbewußten Vorstellen nicht einen wesentlichen, sondern nur einen graduellen Unterschied annahm, indem der Schöpfer der Infinitesimalrechnung die unbewußte Vorstellung nur als eine bewußte von unendlich kleiner Intensität ansah, womit ja aber jede Möglichkeit, ein sehr wirksames Princip zu sein, für sie wegfällt. (Wir müssen diese interessanten historischen Notizen hier ohne Kritik passiren lassen, da unsere

Stellung zu den Vorläufern von unsrer erst später einzunehmenden Stellung in der Ph. d. U. selbst abhängig ist.) Ueber diesen Begriff der dunkeln Vorstellung ist auch Kant an jener merkwürdigen Stelle (Anthropologie § 5) nicht hinausgekommen, wo er ausspricht, daß der Umstand „daß gleichsam auf der großen Charte unseres Gemüths nur wenig Stellen illuminirt sind", geeignet sei, „uns Bewunderung über unser eigenes Wesen einzuflößen". Den Grundbegriff der neuen Ph. d. U. hat unter ihren Vorgängern am entschiedensten aufgestellt Schelling, jedoch nur in der Periode seines Systems der Transscendentalphilosophie. Er sah ein, daß die Fichte'sche Production der Erfahrungswelt aus dem Ich ohne die ausdrückliche Hervorhebung, daß dieselbe jenseit des Bewußtseins (und ohne jeden Einfluß der Willkür) geschehe, der (unter jener Voraussetzung) scheinbaren Selbstständigkeit der Außenwelt gegenüber jede Ueberzeugungskraft entbehre. Jedoch ließ der Mangel der Ableitung des Begriffes des Unbewußten aus den Thatsachen der Erfahrung seine Zeitgenossen die nicht ganz seltenen Anwendungen desselben bei Schelling übersehen. Hegels absolute Idee befindet sich weder im Stadium ihres Ansichseins, noch in dem ihres Außersichgekommenseins als Natur, im Besitz des Bewußtseins, welches sie erst in ihrem Fürsichsein als Geist gewinnt. (H. hat also eine unbewußte ideelle Existenz, der freilich das Nöthigste, die Subsistenz, fehlt, für möglich gehalten.) Schopenhauers metaphysisches Princip ist der unbewußte Eine Wille zum Leben: die Unbewußtheit des Willens als solchen, nach Abzug alles dessen an Willensäußerungen, was (als Motiv) eben noch nicht Wille, sondern eben das dem Wollen ganz Heterogene, nämlich Vorstellung ist, hat Schopenhauer zuerst erkannt, womit dann der Begriff des Willens mit dem der „Kraft" identisch erscheint. Wenn dieser Schopenhauer'sche Wille sich aber in den platonischen Ideen objectivirt, so hat Schopenhauer damit, ohne es ausdrücklich anzuerkennen, auch die Existenz der unbewußten Vorstellung angenommen: denn einerseits, — wie sollte er anders als durch Vorstellung die platonischen Ideen zu seinem Inhalte haben machen können, andererseits aber war ja das als Wille subsistirende Weltwesen unbewußt. (Es fragt sich eben, ob die Ph. d. U. uns wird beweisen können, daß die weltschöpferische Thätigkeit des Absoluten nicht „auf die Ideen (bewußt) hinschauend" (platonischer Theismus), resp. sie bewußt in sich erzeugend oder besitzend, die eben durch Ideen geordnete Welt gewirkt hat.) Wenn die Ph. d. U. die Existenz absolut und toto genere unbewußten Vorstellens nachweisen will, so ist weiter ihr Object — was bei der, äußerlich betrachtet, vorhandenen Aehnlichkeit besonders hervorzuheben ist — ein anderes, als die (nur gegenwärtig) „unter der Schwelle des Bewußtseins befindlichen", d. h. die schlummernden Gedächtnißvorstellungen, welche Herbart zum Gegenstand seiner Untersuchung gemacht hat. Wenn dieser Begriff, d. h. das Gegebensein des ihm Entsprechenden, in der Seele als einfachem, ursprünglich vorstellenden, Wesen seine große Schwierigkeit hat, so würde er sich im Zurückgehen auf die Zustände des Gehirns, als des erfahrungsmäßigen Organes des Bewußtseins, leicht erklären lassen: solche Vorstellungen unter der Schwelle des Bewußtseins würden dann in concreto bestehen in den Spuren, welche frühere Hirnschwingungen im Gehirn hinterlassen haben, so daß dieses gelegentlich die entsprechenden Vorstellungen leichter zu reprodueinen badurch disponirt ist. In weiterer Verfolgung jenes von Herbart eingeführten Begriffes hat Fechner mit wissenschaftlicher Präcision nachgewiesen, 1) daß jeder Reiz einen gewissen Grad der Intensität (d. i. die „Reizschwelle") haben muß, um (selbstverständlich bewußt) empfunden zu werden, 2) daß für mehrere gleichartige Reize in entsprechendem Sinne eine „Unterschiedsreizschwelle" existirt, 3) daß Reize, welche kleiner sind als die „Schwelle", nicht etwa Repräsentanten der „petite perception" des Leibniz in deren Abstufungen bis zu $+\frac{1}{\infty}$ sind, sondern gänzlich unter die Schwelle des Bewußtseins fallen und negative (unwirkliche) Empfindungen werden. Es ist klar, daß dieser Fechner'sche negative Begriff unbewußten (besser „unwirklichen") Empfindens auf etwas sachlich ganz Anderes geht als der positive, weil als wirkendes Princip von Erscheinungen angesehene, „des Unbewußten", welcher der uns beschäftigenden neuen Betrachtungsweise zu Grunde liegt. Als empirische Vorläufer, welche unbewußte psychische Momente in Specialuntersuchungen zur Erklärung herangezogen haben, nennt Herr v. H.: Perty, Wundt, Zöllner, Bastian, ganz besonders aber Carus, als den Verfasser der „Psyche" und der „Physis", und damit den eigentlichsten Vorgänger unseres Philosophen, soweit es die empirische Nachweisbarkeit des Unbewußten betrifft. Uebrigens ist auch unsere Geschichtsauffassung, namentlich seit Hegel, ganz der Richtung hingegeben, als Factoren der historischen Erscheinungen nicht nur die bewußten Individuen, sondern auch die unbewußten Potenzen des Volksgeistes (eines zu scharfer Untersuchung sehr dringend Veranlassung gebenden Begriffes) anzusehen.

  Nach allem Obigen ist es wohl unzweifelhaft, daß es ein sehr verdienstliches Unternehmen des Herrn v. H. ist, den ebenso paradoxen, wie doch stark in den philosophischen Gedanken der drei letzten Jahrhunderte — spukenden Begriff des Unbewußten einmal in ganz besondere Attention zu nehmen, um den ganzen Bereich seiner etwaigen Gültigkeit auszumessen und eventuell mit diesem neuen aus der Erfahrung gewonnenen Begriffe bereichert an die eigentliche Metaphysik, an die Gesammtauffassung des Seienden, heranzutreten.

  Die Ph. d. U. wird, so zu sagen, keinen Schritt thun können, ohne die objective Gültigkeit des Zweckbegriffes in der Natur überhaupt, also in einem weiteren Umfange als unter der Bedingung bewußten Wollens vorauszusetzen. Herr v. H. hat deßhalb in einem letzten einleitenden Capitel für etwaige Zweifler jene Gültigkeit zu begründen gesucht. Die thatsächliche Zweckmäßigkeit in der Natur, namentlich im Verhältnisse und Zusammengreifen der Theile der animalischen Organismen zum Resultate des Lebens, macht es in der That den Allermeisten zur Ueberzeugung und Gewißheit, daß solcher augenscheinlicher Bestand der Zweckmäßigkeit im Resultate aus dem wirklichen causalen Walten des Zweckbegriffes zu erklären, und Herr v. H. weist sehr richtig nach, daß die wissenschaftliche Berechtigung dieser Ueberzeugung in dem offenbar hohen Grade der Wahrscheinlichkeit liegt, daß kein anderes Princip zufällig zu der hinterher empirisch gegebenen Zweckmäßigkeit geführt haben kann. (Dieser negative Beweis hat das Originelle, daß er das unbestimmte Gefühl hoher Wahrscheinlichkeit auf bestimmte mathematische Ausdrücke bringt, und daß er den Weg der Argumentirung in zwei Abschnitte zerlegt, in deren ersterem sehr ingeniös die Wahrscheinlichkeit geistiger Causalität überhaupt (der Mitwirkung von Wille und Vorstellung) bei natürlichen Vorgängen formulirt wird, und in deren zweitem die Wahrscheinlichkeit der näheren Bestimmtheit dieser geistigen Causalität als des Wollens des vorgestellten Zweckes und der Mittel zu diesem ihre mathematische Werthgröße (ihren ächten Bruch) nachgewiesen erhält. — Da ich und gewiß die meisten meiner Leser — man lasse dem Autor in solchen formalen Wendungen die scheinbare Illusion, als ob überhaupt an eine erhebliche Vielheit von solchen bei dem Reichthum berechtigter Interessen und der unvermeidlichen Polypragmosyne des modernen Lebens und gar des großen Nachjahres 1871 für eine Programmabhandlung zu denken sei — die unerschütterliche Ueberzeugung von der realen und fundamentalen Anwendung des Zweckbegriffes in der Natur besitzen, so stehen wir in der That mit dieser Voraussetzung auf gleichem Boden mit der Ph. d. U. Auch werden wir, der unmittelbaren Beobachtung zufolge, gewiß noch den weiteren Schritt mit dieser mitgehen, in dem Schaffen und Bilden der Naturkräfte unmittelbar eine unbewußte Zweckthätigkeit zu statuiren zu wagen. Nur darauf werden wir — die wir Alles, was uns wirklich wissenschaftlich bewiesen würde, anzunehmen bereit sind — gespannt sein, ob es der Ph. d. U. gelingen wird, zu beweisen, daß nicht die Möglichkeit unbewußter Zweckthätigkeit der Natur — das Vorkommen überhaupt des Zweckbegriffes in der Welt vor den bewußten Einzelexistenzen   mittelbar bedingt sein muß durch die Lehnertheilung der Fähigkeit zweckmäßigen Wirkens an die Natur seitens einer absoluten bewußten und von der Willensseite zugleich allmächtigen Intelligenz, als des einzigen Schooßes des ersten Ursprunges des Zweckgedankens.) Den Gegnern der teleologischen Betrachtungsweise ist — worüber bei Herrn v. H. zum Theil nur Andeutungen — noch kurz vorzuhalten: den Materialisten, daß sie einmal nachweisen sollen, wie es, wenn es Geist und von diesem gesetzten Zweck vor animalischen Gehirnen gar nicht gegeben hat, zu dem überaus kunstvollen Bau solcher Gehirne als dem Sitze — mit Einem Male der reichen Welt des Bewußtseins, sowie auch zu der Gesammtheit der Vorbedingungen für die Existenz und Erhaltung der Organismen, auf dem Wege nur blind und geistlos wirkender Ursachen hat kommen können; denn Darwinismus, daß er das (für ihn jedoch auch dann noch entschieden abgeschwächte) Princip des zweckmäßigen Wirkens in der Natur, wenn ihm die Zweckmäßigkeit der Organismen als eine erst in langen Generationen im Kampfe um's Dasein und mittels der Erblichkeit der Eigenschaften erreichte erscheint, wenigstens für die erste Anlage, den Anfang jener Entwicklungen, zugeben muß, sofern es diesen hat gelingen können, die Unzweckmäßigkeiten allmälig abzustreifen; dem Spinoza, daß die Finalität, das etwaige Bestimmtwerden natürlicher Vorgänge durch das Wollen des Zweckes, keineswegs der ausnahmslosen Gültigkeit der Causalität, des unzweifelhaften Bestimmtwerdens alles Geschehens durch Ursachen, entgegentritt, sondern nur eine Specialisirung derselben ist, da ja die wirkenden Ursachen wieder durch die Vorstellung und das Wollen des Zweckes und dieses durch andere wirkende Ursachen causal bedingt wird; dem Kantischen Kriticismus (für welchen der Zweckbegriff außerhalb des Bereiches der bewußten Zwecksetzung durch das Individuum nur eine regulative, nicht eine constitutive Gültigkeit hat, (Kr. d. r. V., 1. Aufl., S. 642 ff., Kr. d. Urtheilskraft

§ 75), daß er nie beweisen wird, daß das natürliche Geschehen nur die zeitliche Auseinander-zerrung eines außerzeitlichen Etwas für das erkennende Subject wäre, auf welcher behaupteten Idealität der Zeit eben die Kantische Läugnung der objectiven Realität des Verhältnisses des (in der Zeit vorangehenden) Mittels zum Zwecke beruht.

Die Ph. d. U. hat die Aufgabe, die Existenz unbewußten und doch psychischen Wirkens A. in der Leiblichkeit, B. im geistigen Leben empirisch nachzuweisen und falls ihr dieses gelingt, C. den somit durch unmittelbare Schlüsse von der Ursache auf die Wirkung bereicherten Inhalt der Erfahrung auf seine letzten Principien zurückzuführen. Wir haben also zu untersuchen
  A. Die empirische Nachweisbarkeit des Unbewußten in der Leiblichkeit.

I.

Wollen ist unzweifelhaft ein Prädicat, welches der Materie als solcher nicht zukommt, der in der inneren Erfahrung gegebene Wille ist zunächst mit dem Wirken physischer und chemi-scher Kräfte disparat. Für gewöhnlich hält man den Willen für ein Accidens des Bewußtseins. Das Bewußtsein erscheint aller unserer Erfahrung gemäß abhängig von animalischen Gehirnen, und dem entsprechend gehen auch die bewußten (willkürlichen) Bewegungen vom Gehirn aus. Sollten sich nun aber in Organismen Bewegungen nachweisen lassen, welche – natürlich bei aus-geschlossener mechanischer Causalität – sich durch Begleitung des Affectes und durch die Consequenz in der Ausführung eines Vorsatzes von reflectorischen (unwillkürlich auf äußeren Reiz reagiren-den) unterschieden und sich doch nicht durch die Endigung der ihnen vorstehenden Nerven im Gehirn erklären ließen, so würden diese einerseits nur vom Willen und andererseits nur von un-bewußtem Willen abzuleiten sein. Wir hätten dann die Existenz unbewußten psychischen Geschehens in der Form zunächst unbewußten Willens nachgewiesen. In der That ist nun, zoophysiologischen Thatsachen zufolge, der Ph. d. U. Thesis 1): Es giebt unbewußten Willen, und zwar zunächst in vom Gehirn unabhängigen Rückenmarks- und Ganglien-Functionen. Und zwar sind als Centralorgane für solchen, weil nicht vom großen Gehirn ressortirenden, unbewußten Willen nach-zuweisen: a. Kleinhirn und Rückenmark: so bei dem geköpften Frosche, welcher verschiedene Hinder-nisse auf verschiedene Weise, aber gleich zweckmäßig zu überwinden sucht, um sich seinen Ver-folgern zu entziehen; b. die Schlundganglien: bei wirbellosen Thieren; c. andere Ganglienknoten des Rumpfes: so z. B. bei der australischen Ameise, welche, durchschnitten, mit dem hinteren Theile den vorderen wüthend bekämpft; d. die Mulder'sche Fibroine in der schleimigen, nervenlosen Sub-stanz des Polypen, welcher ein lebendes Infusionsthierchen unter Erregung eines Wasserstrudels verschlingt, ein todtes aber ganz unbeachtet läßt. (Dieser letzte Fall läßt nicht sowohl auf unbe-wußten Willen, wie auf Möglichkeit des Bewußtseins, weil der Wahrnehmung, sogar in einem niedriger als das niedrigste Nervencentrum stehenden organischen Gebilde schließen. In der That glaubt die Ph. d. U. auch ein gesondertes Analogon des Bewußtseins in den niedern Nerven-centrien annehmen zu dürfen, jedenfalls bleibt schon hier das Vorkommen ungeschwächten Willens bei sehr depotenzirtem Bewußtsein bewiesen.) Hiernach erscheint es a priori als wahrscheinlich, daß Rückenmark und Ganglien auch bei den höheren Thieren und dem Menschen, wo sie vollkommener ausgebildet sind, relativ und für das Gehirn unbewußte Willensacte dirigiren können. (Dieser Schluß ist nicht ganz stringent, weil das veränderte Verhältniß zu einem Gesammtorganismus äußerlich ähnlichen Gebilden andere Functionen anweisen könnte). Empirisch wird jene Vermuthung bestätigt durch solche Bewegungen im menschlichen Organismus, welche ohne wesentliche Beeinflussung des Gehirns a. vom Rückenmark oder b. vom sympathischen Nervensystem abhängen. Ersteres (a) sind der continuirliche Tonus der dem Hirnwillen unterworfenen Muskeln, ferner die unwillkürlichen Bewegungen der willkürlichen Muskeln, endlich die Athembewegungen, unter deren complicirten Leitungsnerven die dem verlängerten Mark entspringenden wenigstens die wichtigste Rolle spielen. Das sympathische Nervensystem vermittelt (b) z. B. die wurmförmige Darmbewegung, deren Aehnlichkeit mit denen des kriechenden Wurmes die Identität des sie beherrschenden Princips in frappirender Weise nahe legt; ferner als eine conditio sine qua non die Blutcirculation. Hiernach ist es kaum mehr nöthig, die völlige Unabhängigkeit des Rückenmarks und des Ganglienststems durch grausame Vivisectionen an Fröschen, Hennen und Tauben darzuthun, welche Thiere nach Zerstörung des Gehirns, resp. des Gehirns und Rückenmarks, noch Handlungen vollzogen und Functionen in ihrem verstümmelten Körper zeigten, deren Princip nach Analogie mit dem Obigen nur der Wille, also ein Rückenmarks- resp. Ganglienwille, sein kann. Uebrigens ist dieser nun gefundene unbewußte Wille noch nicht absolut ein solcher, da das Ganglienbewußtsein der wirbellosen Thiere einen Rückschluß auf ein abgeschwächtes Rückenmarks- und Ganglienbewußtsein in den höheren Thieren und dem Menschen gestattet, welchem gegenüber das Hirnbewußtsein jedoch auch den Vorzug hat, daß es allein zugleich das Ichbewußtsein ist. (Hinsichtlich dieses Analogieschlusses gilt wieder die obige kritische Bemerkung.) Wenn wir also unter Wille anfangs eine bewußte Intention verstanden, so hat sich dieser Begriff im Laufe der Untersuchung selbst dahin erweitert, daß das durch ihn Gedachte sich auch ohne die Bedingung des Hirnbewußtseins findet. Der populäre Begriff des Willens erscheint also jetzt nur als eine Unterart — für welche schon die Sprache das besondere Wort Willkür hat — des allgemeinen Princips aller nicht reflectorischen Bewegungen im Organismus, zu dessen Bezeichnung nunmehr das umfassendere Wort Wille wissenschaftlich zu gebrauchen ist. — Man hat gesehen, welche von den angeführten Thatsachen eine unmittelbar starke Beweiskraft für die Thesis des unbewußten Willens haben, und welche eine geringere und problematische; im Allgemeinen wird man von der Thesis überzeugt worden sein. Wesentlich neu ist dieselbe nicht, denn sie wird involvirt von dem besten Resultat des Schopenhauer'schen Denkens, welches die Identität sogar der „Kraft" überhaupt mit dem Willen in hohem Grade wahrscheinlich gemacht hat. Wenn indessen Schopenhauers glänzendste Nachweisung dieses Satzes in der Darlegung beruht, daß in aller zu beobachtenden Kraftäußerung das Wesentliche, das wirkende Princip, dasselbe ist, und die scheinbare Verschiedenheit derselben nur von der Verschiedenheit der Causalität herrührt, auf welche dasselbe reagirt — auf Motive die Willkür, auf Reize der lebende Organismus, auf mechanische Ursachen die unorganischen Körper, f. namentlich Ueber den Willen in der Natur, 2. Aufl., S. 77—87, so hat Sch. — soviel ich mich aus seinen mir wohlbekannten Werken erinnere — doch gerade die Willenserscheinungen in den niederen Nervencentris der Thiere nirgends mit so frappanten Bei-

Spielen belegt, wie die Ph. d. U. in ihrem Capitel A 1. Wenn dem Leser nun aus acceptirten Resultaten immer neue Fragen entspringen, so muß ich ihn hinsichtlich deren Lösung mit der Bemerkung zur Geduld verweisen, daß diese sowie ihre Kritik, eben erst im Verlauf der empirischen Nachweisungen und endgültig in der Metaphysik des Unbewußten erfolgen kann.

II.

Der Ph. d. U. Thesis 2) ist: es giebt unbewußte Vorstellung, und zwar zunächst in dem psychischen Acte der willkürlichen Bewegung.

Die willkürliche Bewegung erfolgt nicht unmittelbar und ausschließlich durch die geistige Causalität des bewußten Willens ihrer Ausführung: denn wenn der motorische Nerv, welcher sie ausführt, unterbrochen, und so auch, worauf es hier ankommt, wenn das centrale Ende beschädigt ist, kann die Bewegung trotz des vorhandenen Willens zu ihr nicht eintreten. Es muß also der Willensimpuls dem centralen Ende der betreffenden motorischen Nervenfaser mitgetheilt werden, wenn deren peripherisches Ende die Muskelcontraction ausführen soll, in welcher die Bewegung besteht. Nun giebt es aber solcher centralen Endigungspunkte motorischer Nerven im kleinen Gehirn und im verlängerten Mark, wenngleich nicht eine der geradezu unabsehbaren Menge möglicher Bewegungscombinationen gleiche — weil die motorischen Nervenfasern sich in ihrem Verlaufe noch vielfach verzweigen —, so doch immer noch eine große Zahl: es ist also die Frage, wie der Willensimpuls das jedesmal gerade der beabsichtigten Bewegung entsprechenden Centralende zu treffen im Stande ist. Wir eliminiren zunächst die möglichen, aber bei näherer Betrachtung doch nicht stichhaltigen Lösungen dieser Frage, welche übrig bleiben, nachdem man der Vollständigkeit halber ausdrücklich constatirt hat, daß weder die bewußte Vorstellung der beabsichtigten Bewegung noch der Wille, sie auszuführen, an sich die Kenntniß des zu innervirenden Punktes im Centralorgan involvirt. a) An eine mechanische Hinüberleitung der Schwingung im großen Gehirn, welche psychisch als die Vorstellung der beabsichtigten Bewegung bewußt wird, zu dem centralen Ende des motorischen Nerven ist nicht zu denken. Denn dann müßte eine feststehende anatomische Verbindung zwischen je einem Centralende im kleinen Gehirn oder der medulla oblongata und je einem Vorstellungsorte im großen Gehirn bestehen, widrigenfalls jene fortgeleitete Schwingung auch jeden beliebigen anderen Punkt neben dem Einen nothwendigen treffen könnte. (Die hier relevanten Punkte dürften doch durch die Anatomie des Gehirns noch nicht entschieden sein.) b) Auch die Uebung ist kein genügendes Erklärungsprincip. Denn erstens ist sie bei fast allen Thieren zu gewandter Ausführung willkürlicher Bewegungen gar nicht erst vorangegangen, zweitens — wie sollte sie denn befähigt sein, den glücklichen Zufall, nach welchem ex hypothesi die bewußte Absicht einer Bewegung einmal mit der Innervirung des zugehörigen motorischen Nervenendes blindlings zusammengetroffen wäre, wieder herbeizuführen? c) Endlich ist die Einschiebung des Muskelgefühles (genauer des Muskelvorgefühles) der willkürlich gewollten Muskelcontraction zwischen den bewußten Willen der Bewegung und die Ertheilung des Willensimpulses an den einzig richtigen Punkt des Centralorgans eine Hypothese, welche ersteren mit letzterer nicht in verständlicher Weise causal vermittelt: denn jenes, in der That oft nicht abzuläugnende, Muskelgefühl hat, sofern es in der Peripherie empfunden wird, nichts mit der entscheidenden Stelle im motorischen Centralorgan zu schaffen. (Mich dünkt, die richtigere Widerlegung dieser Hypothese wäre die Zurückführung derselben auf die sub a) angegebene, weil jenes Muskelgefühl doch in Wahrheit im großen Gehirn empfunden wird.) Wenn nun hiernach das causale Zwischenglied zwischen dem bewußten Willen der Bewegung und der Innervation des richtigen Centralpunktes nach der Elimination von a) nicht eine mechanische Causalität sein kann und nach der von b) und c) nicht ein bewußter psychischer Act ist, so bleibt nur übrig, daß es die unbewußte Vorstellung des der jedesmaligen Bewegung entsprechend zu innervirenden centralen Endpunktes des kleinen Gehirns oder verlängerten Markes und der unbewußte Wille, ihn mit dem Willensimpuls zu versehen, sein muß. — Diese Lösung eines Problems, vor welchem die Physiologie rathlos stehen bleibt und welches die Schopenhauer'sche Philosophie mit ihrer Behauptung des Verhältnisses des Willens der Bewegung zu ihrer Ausführung als des an sich Seienden zu seiner Erscheinung nur dann lösen würde, wenn ihre transcendental-idealistische Voraussetzung als richtig anerkannt werden könnte, ist offenbar sehr originell und geistvoll. Doch müssen wir uns klar machen, daß wir, wenn wir sie annehmen wollen, von der Ph. d. U. eine diese Lösung ermöglichende Beantwortung folgender Fragen erst noch erwarten müssen: a) ist die ex hypothesi stattfindende unbewußte Vorstellung ihrem inneren Begriff nach möglich? b) ist sie ohne Vermittelung des Gehirns — in welchem Falle sie ja contra hypothesin bewußt wäre —, geschweige denn jedes niederen Nervencentrums, also von der spirituellen Seele allein ausgehend, möglich? c) Wenn das Object der angenommenen unbewußten Vorstellung die räumliche Lage eines bestimmten Centralpunktes in einem motorischen Organe in seinem Verhältniß zu allen übrigen Centralpunkten desselben Organes sein soll und eventuell allein sein kann, — wie kann dieses das Object eben einer unbewußten Vorstellung sein, da doch die Vorstellungen gerade räumlicher Verhältnisse, indem sie die Scheidung von Subject und Object involviren, sonst immer bewußt sind? d) wie ist der Vorgang der Innervation, also die statuirte Art der Einwirkung der Seele auf die motorischen Nervenfasern, eigentlich zu denken und aus höheren Principien abzuleiten, ohne ein unerklärtes Wunder zu bleiben?

III.

Der Ph. d. U. Thesis 3) ist: unbewußte Vorstellung und unbewußter Wille des Zweckes sind in den Instincthandlungen der Thiere als causales Band vor dem bewußten Wollen des Mittels zu suppliren.

Instinct ist zweckmäßiges Handeln ohne Bewußtsein des Zweckes. (Scharf genommen wäre hinzuzufügen: bei gewissen constanten Zwecken des Thierlebens und mit Ausschluß des Zufalles.) Das (sehr kühne) Läugnen des Vorkommens des Instinctes im Sinne der Definition wird später berücksichtigt werden, nachdem wir zuvor die möglichen Erklärungsweisen des bezeichneten Phänomens discutirt haben. Der Instinct könnte a. als eine bloße Folge der körperlichen Organisation aufgefaßt werden. Dem widerspricht erstens: daß bei gleicher Organisation die Instincte ganz verschieden sind; z. B. gräbt das Kaninchen, und der Hase nicht, bei gleichen Werkzeugen zum Graben, z. B. ist die Gabelweihe, wiewohl ein vortrefflicher Flieger, doch ein Standvogel, während etwa die Wachtel, die in dem hier entscheidenden Punkte der Organisation jener so sehr nachsteht, doch die größten Blunderzüge macht. Zweitens: daß bei verschiedener Organisation die Instincte ganz gleich sein können; z. B. die Feldmaus trägt Wintervorräthe ein ohne die breiten Backentaschen des Hamsters. Drittens würde auf diesem Wege der Erklärung erst ein Wohlgefühl bei dem Gebrauche des Organs das Motiv sein, dieses auch wirklich functioniren zu lassen. Nun aber ist die Ausübung des Instinctes, was Respect vor dieser Erscheinung einflößt, oft mit dem Opfer an individuellem Wohlsein, ja des Lebens verbunden; z. B. legen die Vogelweibchen eine ganz bestimmte Anzahl von Eiern; nur wenn man ihnen eins fortnimmt, legen sie eins nach, und wenn man dieses des Experimentes halber planmäßig wiederholt, so lange, bis sie an Erschöpfung sterben, - - falls sie nicht klug genug gewesen sind, sogleich umzunisten. — Die Instincthandlung könnte b. als die Folge eines Thieres (von der Natur oder von Gott) eingepflanzten (Geistes- oder Gehirnmechanismus erklärt werden. Da der Instinct nicht immer in Thätigkeit ist, sondern nur auf gewisse gegebene Lagen des Thieres als die Ergreifung des Mittels zur Erreichung eines constanten Zweckes (z. B. der Selbsterhaltung) reagirt, so würde der angenommene Mechanismus eben darin bestehen, im Momente des Eintritts jener gegebenen Bedingungen von Innen heraus zweckmäßig zu wirken. Da nun aber die äußeren Umstände, aus denen heraus das Thier instinctiv handelt, außerordentlich verschieden sein können, so müßte jener Mechanismus außerordentlich complicirt werden, was der Einfachheit und geringen Zahl der constanten Zwecke gegenüber sehr unwahrscheinlich ist. Soll z. B. der Vogel, welcher zufällig in einem Treibhause genistet hat, einen Mechanismus dafür besitzen, nun nur sehr wenig zu brüten? Soll der Kuckuk mit einem fertigen Mechanismus begabt sein, in dieser Woche in das Nest der sylvia rufa weiße Eier mit violetten Tüpfeln, in der nächsten in das der sylvia phoenicurus grünspanfarbene zu legen, jedesmal solche, welche an Größe, Farbe und Zeichnung denen des Nestes, in welchem er den Hausfrieden stört, gleichen? Soll der Organismus der Bienen eine mechanische Vorrichtung besitzen, welche dafür sorgt, daß sie, wo ihre Zellen an die Wandung des Stockes anstoßen, mit einem Male, des besseren Halts wegen, fünfseitige Priswen bauen, anstatt der gewöhnlichen sechsseitigen in der Mitte? Die den Umständen angepaßte Modification in der Instincthandlung wird meist bei den höheren Thieren allerdings mindestens nicht ohne Einfluß der bewußten Ueberlegung eintreten, aber letztere als die einzige Quelle der Variationen des Instinctes ansehen wird nur der können, welcher überhaupt den Instinct im Sinne der obigen Definition läugnet und also später in's Verhör genommen werden soll; gibt man für die Grundform des Instinctes und seine Modi dasselbe Princip zu, so sind letztere eine entschiedene Instanz gegen das Erklärungsprincip des Geistesmechanismus. Außerdem ist aber auch der Begriff eines Geistesmechanismus in sich selbst dunkel. Sollte er in der mechanischen Umsetzung der Empfindung des gegebenen Zustandes eines Thieres in den Willen zur Instincthandlung bestehen, wie sollte dann dieser Proceß, als eine vom Gehirn ausgehende, an Intensität alle übrigen übertreffende Schwingung nicht bewußt werden? (Aber der Wille zur Instincthandlung, dem Mittel zum Zwecke, ist ja auch bewußt. Die Frage ist vielmehr einzig die von Herrn v. H. gleichfalls betonte, wie der gegebene Zustand des Thieres ohne die normale Motivation durch Lust über sich hinaus zur Instincthandlung führen kann. Die Antwort: durch einen

Mechanismus in der thierischen Organisation, welcher im Augenblick des Eintrittes sämmtlicher, den erforderlichen Zustand constituirender Bedingungen in Thätigkeit tritt, ist entschieden in sich nicht dunkel, wenn sie nur nicht durch den obigen Einwand stark erschüttert wäre. Der in der Bewegung der Instincthandlung selber liegende Mechanismus bleibt jedenfalls, das Dilemma ist nur dieses, ob zu der Empfindung des gegebenen Zustandes noch die dann jedenfalls unbewußte Vorstellung des unbewußten Zweckes hinzutreten muß, um zu dem Wollen des Mittels zu führen, oder ob die Anknüpfung der Bewegung an jenen Zustand schon ein mechanischer Proceß ist. Wir haben zu erwarten, ob die bereits geleistete Nachweisung der Unwahrscheinlichkeit der letzteren Möglichkeit noch durch positive Gründe für die erstere ergänzt werden wird.) Wenn nun aber die Ph. d. U. bisher das Princip der körperlichen oder geistigen Organisation, als die vermeintliche Erklärung des Instinctes, nur bekämpft hat, so kann sie ihm doch folgende secundäre Eingeständnisse machen, von denen ich nur das Eine, wiederum beschränkte, erwähne, welches dem gegenwärtigen Stand der Untersuchung nicht durch Versicherung künftig zu gewinnender Resultate vorgreift. Allerdings muß die Constitution des Hirns, der Ganglien und des ganzen Körpers, sowohl was die äußere Gestalt des letzteren, als auch was die physiologische Beschaffenheit der Molecule betrifft, die Instincthandlung wenigstens ermöglichen. Sofern nun aber die letztere Beschaffenheit wenigstens zum Theil durch die Gewöhnung desjenigen Individuums an die Instincthandlung bedingt ist, von welchem die Vererbung der Eigenschaften ausgeht, so ist der Instinct doch das Princ der Organisation, welche später die Ausübung jenes nur erleichtert. Außerdem hat aber jene Ermöglichung des Instinctes durch die Organisation nur die Bedeutung einer Prädisposition, und nicht einer Necessitation, was nothwendig aus der Discussion von a) folgt. — Nachdem sich die körperliche und geistige Organisation als ein ungenügendes Erklärungsprincip der sogenannten Instincthandlungen erwiesen hat, scheint sich c) die skeptische Ansicht zu empfehlen, daß einfach die bewußte Ueberlegung die Quelle derselben sei. Diese kann für sich anführen die vom Menschen abstrahirte Erfahrung, daß, je einseitiger die Geistesthätigkeit eine einzige Richtung verfolgt, um so virtuoser eben auf dem exclusiven Gebiet die Leistungen auszufallen pflegen. Dagegen ist einzuwenden: erstens: der Verstand der Thiere, so weit er sich unzweifelhaft documentirt, nimmt in Proportion mit ihrer abwärts gehenden Stufenleiter ab, wogegen der Grad der Vollkommenheit der instinctiven Leistungen wesentlich derselbe bleibt; jene exclusive Virtuosität eines Thieres würde sich doch aber zu der andersartigen eines anderen verhalten, wie die Gesammtcapacität des ersten zu der des anderen. Zweitens: die Ausbildung des Verstandes hängt auch bei den Thieren ab von Uebung und Unterricht durch die Eltern; die Leistungen des Instinctes aber sind bei einsam aufgezogenen Thieren nicht weniger vollkommen als bei anderen ihres Gleichen, und das erste Mal nicht weniger als nach vielfacher Wiederholung. Drittens: die Leistungen des Instinctes erfolgen augenblicklich, die des Verstandes aber, je niedriger dieser steht, desto schwerfälliger, außerdem häufig nicht ohne Unschlüssigkeit und Schwanken. Viertens: an frappant zweckmäßigen Handlungen sehr niedrig stehender Thiere ist es unmöglich, das Princip der bewußten Ueberlegung durchzuführen, z. B. an der Einpuppung der Raupe des Nachtpfauenauges in ein gewölbeartiges Gespinnst, welches von Außen sehr schwer zu öffnen ist, von Innen aber ohne die anderen Raupen wohl zu Gebote stehenden mechanischen oder chemischen Mittel sich leicht auseinanderklappen läßt; oder an der Erzeugung von Luftbläschen an der arcella vulgaris, einem sogar einzelligen Protoplasmaklümpchen, zu dem Zwecke, sich im Wassertropfen in die Höhe zu heben, wenn die zufällige Lage den Gebrauch der Pseudopodien zu diesem Zwecke verhindert. (Die sehr interessante Ausführung S. 69—72.) Fünftens: Die Ergreifung des richtigen Mittels zum Zwecke würde nur dann von der bewußten Ueberlegung ausgehen können, wenn dieser das Bewußtsein der entscheidenden Momente, aus welchen eben die Zweckmäßigkeit im Verhältnisse des Mittels zum Resultate folgt, zu Gebote stände. Diese liegen aber zum Theil in der Zukunft, so für die männliche Hirschkäferlarve der Umstand, daß der männliche Hirschkäfer einst ein Geweih haben wird, um dessen willen sie sich eine noch einmal so große Höhle gräbt, als die weibliche Larve bei gleicher Körpergröße; oder sie liegen auch wohl außerhalb des Bereiches möglicher Erfahrung, so für den von Jugend auf gefangenen Bussard die Gefährlichkeit des Bisses der Kreuzotter, welche er mit der größten Vorsicht und dem Bestreben, zunächst den Kopf zu zermalmen, angreift, während er z. B. über Blindschleichen ganz ohne weiteres herfällt. Sechstens: unter Abschwächung des Princips der bewußten Ueberlegung nennt man wohl die Art, wie die zum Zustandekommen der Instincthandlung erforderlichen Momente dem Bewußtsein des Thieres gegenwärtig seien, ein Vorgefühl oder eine Ahnung. Allein daß gerade diese einer etwas geheimnißvollen Seite des menschlichen Seelenlebens entnommenen Zustände bei der Unbestimmtheit, die in ihrem Begriffe liegt, in ihrer Wirksamkeit so sichere, so selbstgewisse, so präcise Resultate schaffen sollten, wie wir sie in den Aeußerungen des Instinctes bewundern, ist durchaus nicht denkbar. — Aus allen bisher geprüften Lösungen des Problemes des Instincts bleibt jetzt nur noch die doppelte Möglichkeit übrig, daß entweder die Instincthandlung eine mechanisch sich ablösende Wirkung aus dem im Augenblick ihres Eintretens gegebenen Zustand des Thieres wäre, oder daß sie spontan aus diesem hervortritt, indem er vollständig erst constituirt wäre durch ein hiezu zu erschließendes unbewußtes Element, nämlich den unbewußten Willen des unbewußt vorgestellten Zweckes. Die Ph. d. U. entscheidet sich für das letzte Glied der Alternative, indem sie für jenes angenommene untrügliche unbewußte Erkennen die Bezeichnung „Hellsehen" einführt, und glaubt so die Erscheinungen des Instinctes vollständig zu erklären. Man prüfe jetzt die Hypothese des Hellsehens, indem man diesen Act als das gesuchte wirkende x in concreten Beispielen der Instincte der Feindesfurcht (α), der Ernährung (β), des Wandertriebes (γ) und der Fortpflanzung (δ) einschiebt. ad a) „Ochsen und Pferde, die aus Gegenden kommen, wo es keine Löwen gibt, werden unruhig und ängstlich, wenn sich in der Nacht einer heranschleicht, sobald sie denselben wittern." „Auch unter uns Menschen ist es nicht so selten, daß ein Gretchen den Mephistopheles herausspürt." ad β) „Selbst den durch den Aufenthalt bei Menschen verwöhnten Affen kann man noch mit Sicherheit in den Urwäldern als den Vorkoster der Früchte gebrauchen, wo er die giftigen, die man ihm reicht, mit Geschrei wegwirft." „Hühner und Tauben picken Kalk von Wänden und Dächern, wenn ihnen die Nahrung nicht genug Kalk zur Bildung der Eierschalen bietet." ad γ) Tauben und Hunde schlagen, wenn sie zwanzigmal im Sack herumgedreht sind, doch in unbekannter Gegend den geraden Weg nach Hause ein. „In Jahren, wo Ueberschwemmungen eintreten, baut der Biber seine Wohnung höher, und wenn eine Ueberschwemmung in Kamtschatka bevorsteht, ziehen die Feldmäuse plötzlich schaarenweise fort." Mögen die Thiere auch manche feinere Empfindung der gegenwärtigen Witterung haben, so ist das zukünftige Wetter doch weder damit sinnlich für sie gegeben, noch dadurch auf ihrer Verstandesstufe im Bewußtsein zu erschließen. ad δ) Viele Thiermännchen finden ihre Weibchen keineswegs an der Aehnlichkeit der äußeren Gestalt, z. B. sieht das Männchen der Strepsipteren einer Motte ähnlich, das im Hinterleibe einer Wespe wohnende Weibchen einem unförmlichen Wurm. „Viele Seefische (z. B. die Lachse) gehen in die Flüsse hinauf, um ihre Eier dort zu legen, wo sie allein die Bedingung zu ihrer Entwickelung vorfinden." Die Insecten legen ihre Eier z. B. im Herbst auf Bäume, die erst im Frühjahr ausschlagen, immer aber an Orte, wo die Larve die ihr passende und von der des Insectes ganz verschiedene Nahrung finden wird. — Die Hypothese des unbewußten Hellsehens wird gestützt durch das Vorkommen eben derselben Sache bei'm Menschen. Es ist wissenschaftlich ganz unmöglich, aus dem unkritischen Wust dahin gehöriger Wundererzählungen, die bei allen Völkern sich finden, eine gewisse kleine Anzahl von Fällen nicht als auf's beste beglaubigte Thatsachen anzuerkennen. (Dies scheint mir auch Schopenhauer's Abhandlung über Geistersehen in dem ersten Bande der Parerga auf's entschiedenste darzuthun.) So äußert sich das Hellsehen — (warum aber im Verhältniß zum Instinct so äußerst selten?) — bei'm Menschen z. B. in der ohne jede Veranlassung im Bewußtsein auftretenden und doch mit der Wirklichkeit — bei hoher Unwahrscheinlichkeit des Zufalls zusammentreffenden Ahnungen des Todes abwesender naher Freunde oder Verwandten in ihrer Sterbestunde, so im sg. zweiten Gesicht, z. B. bei Swedenborg, welcher den großen Brand Stockholms genau sah, so in lichten Momenten vor dem Tode. Dieses menschliche Hellsehen freilich ist meistens keineswegs so rein, wie das thierische instinctive, weil es in dem höher entwickelten menschlichen Bewußtsein als Ahnung widerklingt, während bei'm Thier gewiß in den allermeisten Fällen ganz in der Nacht des unbewußten Seelenlebens, seiner eigenthümlichen und ausschließlichen Geburtsstätte, ruhen bleibt und daher nur aus seinen Wirkungen mittelbar erkannt werden kann. (Diese Resonanz des Bewußtseins mit dem unbewußten Vorgange des Hellsehens hat in dem überdienstfertigen Material der Worte etwas ziemlich Ansprechendes, würde der Sache nach aber ein neues psychologisches Räthsel enthalten.) Uebrigens würde die Ph. d. U. die immer doch höchst sporadischen und so gerne bestrittenen Thatsachen des menschlichen Hellsehens nicht zur Grundlage ihrer den Instinct betreffenden Hypothese machen, sie zieht dieselben nur zur Bestätigung heran. — Eine letzte Bestätigung derselben ergibt sich noch aus einer Form des Instinctes, welche bisher noch nicht betont ist, nämlich aus solchem instinctiven Zusammenhandeln der Thiere Einer Gattung, bei welchem die Arbeit jedes einzelnen Thieres erst eine zweckvolle Bestimmung erhält durch die Ergänzung, welche ihr durch die Arbeit aller übrigen betheiligten zu Theil wird. Es kommt da ein zweckmäßiges Zusammenwirken vor, am frappantesten im Bienenstaat (die Ausführung S. 85—89), welche ganz den Eindruck macht, als ob jedes einzelne Thier seine ganz abgegrenzte Rolle sammt dem Anfangs- und Endmoment seines Eingreifens genau auswendig gelernt hätte, und dessen Resultat nun gar aufs evidenteste den Eindruck macht, daß hier ein sinnvoll durchdachtes Ganzes Stück für Stück zur Ausführung gebracht ist. Da nun z. B. den Bienen zur Mittheilung etwaiger bewußter Entschlüsse sowohl Stimme, wie Mimik und Physiognomie fehlen (soviel wir wahrnehmen, gewiß, aber wer weiß, ob das im Verhältniß von Biene zu Biene richtig ist?), und da die Ausführung, im Falle sie dennoch nicht instinctiv, sondern das Werk überlegenden Parirens auf Ordre wäre, unmöglich in so musterhafter Ordnung vor sich gehen würde, so wird eben der einzelnen Biene der Gesammtplan im unbewußten Hellsehen vorschweben, aus welchem heraus ihre individuelle Aufgabe, aber auch diese allein, in's Bewußtsein tritt. — Wenn übrigens die Gleichmäßigkeit der Instincte in Einer Thiergattung noch zu Gunsten der mechanischen Erklärung ausgelegt werden sollte, so ist darauf zu erwidern, daß gleiche Ursachen (gleiche körperliche Anlagen, gleiche Ausbildung des Verstandes und gleiche äußere Lebensbedingungen) gleiche Wirkungen (das Wollen gleicher Zwecke und gleicher Mittel zu denselben) nach sich ziehen. (Diese Zurückweisung stimmt nicht recht zu der sub a) in diesem Capitel skizzirten Polemik der Ph. d. U.; es wäre besser zu erwidern, daß die Thiere, sofern sie Einer Species angehören, auch nur Ein Wesen haben, und daß die Instincte eben aus diesem gemeinsamen Charakter und nicht aus einem etwaigen Ueberschuß von Individualcharakter entspringen, widrigenfalls sie erst ziemlich hoch in der Stufenreihe der Wesen erscheinen könnten.) — Was nun das Ganze betrifft, so werden wir zunächst in das zum Schluß des Capitels citirte Wort Schelling's einstimmen: „es sind keine anderen als die Erscheinungen des thierischen Instinctes, die für jeden nachdenkenden Menschen zu den allergrößten gehören, wahrer Probirstein ächter Philosophie." Wir werden auch bekennen, daß der von der Ph. d. U. zur Lösung des Räthsels dieser Erscheinungen eingeschlagene Gedankengang, zumal bei der Fülle interessanten Materials, welches er zu verwerthen weiß, außerordentlich anregend ist. Wir haben endlich bereits gefunden, daß die Ph. d. U. die Hypothese der körperlichen Organisation und die der bewußten Ueberlegung, als des Erklärungsprincipes der Instincthandlungen, entschieden siegreich widerlegt. Um uns aber möglichst endgültig über das Problem des Instinctes zu entscheiden, müssen wir uns noch einige Punkte ausdrücklich klar machen. Daß die Vorstellung des Zweckes der Instincthandlung nicht das entscheidende Moment in ihrer Causalität sein sollte, ist nimmermehr anzunehmen: denn sonst würde in unendlich vielen Fällen rein zufällig das Eine Zweckmäßige anstatt des schon im einzelnen Falle eine ganz unbestimmte Menge von Chancen bietenden Unzweckmäßigen geschehen. Hierin stimmen auch alle oben discutirten Hypothesen überein. Der Unterschied ist nur, daß die Hypothesen a) und b) ein für alle Mal die Vorstellung des Zweckes der Instincthandlung weit rückwärts verschieben, sei es in die schaffende Natur, sei es in die göttliche Intelligenz, von welchen beiden Möglichkeiten wir hier ohne Weiteres die erste eliminiren, weil wir, mindestens auf dem gegenwärtigen Stand unserer Untersuchung, gar nicht absehen können, wie der natura naturans sollten Vorstellungen beizulegen sein; wogegen die Hypothese der bewußten Ueberlegung und, worauf es hier ankommt, des Hellsehens, die Zweckvorstellung in jedem einzelnen Falle in die Thierseele selber verlegt, vgl. S. 58. In dieser also soll sie nach der eigenen Hypothese der Ph. d. U. unbewußter Weise vor sich gehen. Zunächst bleibt uns die Ph. d. U. auch jetzt noch immer die Nachweisung der inneren Möglichkeit unbewußter Vorstellung schuldig, und nunmehr sogar der Möglichkeit unbewußter Vorstellung eines Abstractums in sogar sehr niedrigen Thierseelen. Zweitens involvirt die Hypothese der Ph. d. U. die metaphysische Voraussetzung der Spiritualität der Thierseele, eine Voraussetzung, deren wissenschaftliche Berechtigung wir gleichfalls das Bedürfniß behalten, noch nachgewiesen zu sehen. Drittens würde der unbewußte individuelle Wille des Thieres in manchen Fällen noch gar nicht die zureichende Erklärung dafür enthalten, wie denn nun die unentbehrlichen wirkenden Ursachen das gewollte Resultat eben auf bloßes Geheiß individuellen Thierwillens wirklich zu Stande bringen: der Kuckuck will sein Ei durch Aehnlichkeit mit den übrigen Eiern des betreffenden Nestes sichern, wie hat denn dieser Wille die Fähigkeit, auf die Bildung des jedesmaligen Kuckucksseies so souverän einzuwirken, wie wir es oben gesehen haben? Die nächste Analogie wäre allenfalls der unbewußte und leistungsfähige Wille in den selbstständigen Rückenmarks- und Ganglienfunctionen, welchen wir oben der Ph. d. U. mit Ueberzeugung zugestanden haben, aber hier haben wir als das Neue einen rein psychischen und ex hypothesi leistungskräftigen Willen. Man sieht wohl, daß die tiefere, noch verhüllte Auffassung der Ph. d. U. sein wird, daß das Thier die Instincthandlung nicht vollzieht kraft seiner Machtvollkommenheit als eines beschränkten Einzelwesens, sondern kraft irgend welcher Gemeinschaft mit dem Urquell aller in der Welt überhaupt wirkenden lebendigen Kraft. Wenn ich hiebei nun unwillkürlich an biblische Worte erinnert werde, wie: „in ihm leben, weben und sind wir" (Ap. Gesch. 17, 28), wie „Herr, vor Dir ist alle meine Begierde" (Psalm 38, 10), wie „Du schaffest, was ich vorher oder hernach thue" (Psalm 139, 5), wie „Dein Aufsehen bewahrt meinen Odem" (Hiob 10, 12) — so geschieht das, weil an diesem Punkte meine Verwahrung schon der ausdrücklich ausgesprochenen Insinuation der Ph. d. U. vorherläuft, als ob die Thatsachen des thierischen Instinctes nur auf pantheistisch-monistischem Hintergrunde und nicht auch unter Voraussetzung der theistischen Weltanschauung begreiflich wäre. Was hindert denn das Absolute, zugleich unendliche bewußte Intelligenz zu sein, wenn es hier von der Seite der allgegenwärtigen, weltdurchdringenden, immanenten Kraft erscheint, welche die Erreichung der Zwecke des animalischen Lebens ermöglicht? Ich kann hier nunmehr die Bemerkung machen, daß Hr. v. H. schon in den grundlegenden inductiven Capiteln sehr häufig im Stillen metaphysisches Capital zurückzulegen sucht, indem er mit der Ausdrucksweise „das Unbewußte" zugleich an das Absolute, als das letzte substantielle Princip des Seienden, denkt, während in der Induction doch nur auf unbewußte Thätigkeit der Einzelwesen hingeführt worden ist. Ich kann „das Unbewußte" zunächst immer nur im Sinne der jedesmaligen empirischen Specialuntersuchung nehmen, und nicht im Sinne später zu entwickelnder Ueberzeugungen der Ph. d. U., und ich denke, daß die vernünftige Bereitwilligkeit, jede, auch die liebste, persönliche Ansicht nöthigenfalls der wissenschaftlichen Wahrheit zu opfern, sehr wohl zusammen bestehen kann mit der Entschlossenheit, fremde persönliche Ansichten, welche eben, so lange sie ihrer rationellen Begründung vorherlaufen, nichts Besseres denn solche sind, als nichts beweisend und nichts widerlegend anzusehen. Um uns nun nach allem Obigen über die Erklärung der instinctiven Vorgänge positiv zu erklären, habe ich zum Schluß noch Folgendes beizubringen. In dem durch die inneren subjectiven Bestimmungen und die äußeren Einwirkungen constituirten Zustande des Thieres im Moment des Eintrittes der Instincthandlung liegt noch kein zureichender Grund, weshalb gerade die Instincthandlung und keine andere eintreten sollte, wenn man das Moment des zukünftigen Resultates in seiner Einwirkung auf die Thierseele ausschließt. Folglich muß dieses irgendwie die in dem Zustande des Thieres liegende Causalität der Instincthandlung vervollständigen. Vorstellung und Wille des Resultates können als bewußte psychische Acte jedenfalls in vielen Fällen nicht stattfinden, also nicht das wesentliche noch fehlende causale Element abgeben. Das Resultat aller Bestimmungen des Zustandes des Thieres in dem oben genau bezeichneten Augenblick gehört jedenfalls — wenn diese selber auch nur zum Theil — dem Bewußtsein, dem Erlebtwerden im Thiere an, und ebenso, der Beobachtung zufolge, die Instincthandlung selber. Ein selbstständiges subjectives Vorhandensein aber des Zweckes für das Thier, außer sofern es der instinctiven Thätigkeit selber immanent und untrennbar von ihr ist, hat die Ph. d. U. doch nur — mit ihrer Hypothese des unbewußten Hellsehens — behaupten können. Ich habe für meine Person trotz der redlichsten Bemühung nicht fassen können, daß die "unbewußte Vorstellung des Zweckes" das gesuchte ergänzende x in der Causalität von dem gegebenen Zustande zu der erfolgenden Instincthandlung sein sollte, daß sie zwischen jener und dieser den Berührungspunkt herstellte; denn zwischen bewußtem (oder empfundenem) Zustande und bewußter Handlung liegt sie als ein reines Nichts dazwischen. Vielmehr, wenn ich mich in den problematischen Hergang möglichst hineinzuversetzen suche, so muß ich auf die Erklärung kommen, daß ein vom Thier empfundener (also nicht unbewußter) Drang, die Instincthandlung vollziehen zu müssen und nicht anders zu können, als das letzte entscheidende Moment zu dem gegebenen Zustand hinzutritt, um diesen in die instinctive Function übergehen zu lassen. Freilich, sollte nicht durch dieses der Zweck realisirt werden, so wäre nicht einzusehen, warum die n—1 Elemente, welche den gegebenen Zustand bedingen, aus sich selbst heraus diesen Drang sollten erzeugen müssen. Nun aber resultirt mit dem Gegebensein der n—1 Elemente (aller übrigen bis auf den inneren Drang), ohne daß das Thier davon weiß, eine Lage, in welcher es angezeigt ist, daß gewisse Zwecke des animalischen Lebens nicht verpaßt werden; in dieser Lage springt die makrokosmische überindividuelle Kraft — um so einen Ausdruck zu gebrauchen, welcher zwischen Theismus und dem immanenten Monismus eines unbewußten Absoluten noch kein Präjudiz gibt — dem Thiere, welches bei den Daten seines Bewußtseins hülflos gelassen sein würde, bei, und zwar nicht, indem sie das Thier etwa zur Maschine macht, sondern, indem sie ihm mittels dessen, was ich inneren Drang nannte, den leisen Impuls ertheilt, von dem aus das Thier sich selber hilft. Ich stimme also mit der Ph. b. U insoweit überein, als ich mir das Thier in seiner atomistischen Creatürlichkeit nicht als das Subject der Instincthandlung zu denken vermag, welche so erstaunlich über dasjenige hinausgeht, was man von einem geistig so niedrig stehenden Wesen erwarten sollte. Es muß in der That ein Wille da sein, welcher die Zwecke des thierischen Lebens anerkennt und die Macht hat, ihre Realisirung durchzusetzen, auch da, wo das Thier mit seinem Verstand kein Mittel finden würde, das diesem Zwecke Entsprechende zu thun. Ich stimme ferner mit der Ph. d. U. darin überein, daß das Thier unter diesem Willen nicht zu einer bloßen Maschine herabgedrückt wird, denn sowohl die instinctive Thätigkeit selbst ist eine spontane, wie auch der ihr unmittelbar vorhergehende Drang nicht einem seelenlosen mechanischen Agens gleicht. Jener Wille also läßt das Zweckmäßige durch das Thier selbst vollzogen werden. Das Thier verdankt seine Fähigkeit zu instinctiven Handlungen, in denen es zweckmäßig handelt, ohne zu wissen, daß es in Wahrheit um des Zweckes willen so handelt, dem Umstande, d. h. es nicht isolirt für sich da ist, sondern in dem Zusammenhange eines Daseins, in welchem dafür gesorgt ist, daß nicht Alles drüber und drunter geht, sondern, wenn einmal für ein Wesen, wie ein Thier, so etwas wie Selbsterhaltung und Erhaltung der Brut eine Herzensangelegenheit sein muß, dieses Interesse auch befriedigt wird, wenn es das Thier ohne solche transcendente Beihülfe nicht genügend wahrnehmen könnte. Ich weiche bis jetzt von der Ph. d. U. insoweit ab, als ich für ihr Lösungswort „unbewußtes Hellsehen" das „unwiderstehlicher Drang" setze; ich lasse auf diese Weise die springenden Punkte in der Causalitätsreihe bis zum Vollzug der Instincthandlung auch aus lauter psychischen Momenten bestehen, ohne ein mechanisches zu intercaliren, aber ich stelle unter diesen kein solches auf, welches nicht nur mir, sondern z. B. auch den Recensenten A. Bergmann und K. Gottschall unfaßbar ist. Ob nun die transcendente (nämlich die thierische Fähigkeit als solche übersteigende) intervenirende Macht, auf welche im Grunde auch die Ph. d. U. recurriren muß, ein unbewußtes (aber den Mangel des discursiven Denkens durch eine intuitive Weisheit ersetzendes) und der Welt nur immanentes Absolutes ist, oder eine unendliche Intelligenz, welche „mühelos mit bewußter Geisteskraft Alles durchdringt" (Xenophanes), ohne in der Welt ganz aufzugehen, mit anderen Worten und in der üblichen philosophischen Terminologie, ob ein theistischer Occasionalismus oder ein pantheistischer Monismus das letzte metaphysische Lösungswort ist — die Entscheidung darüber kann man billigerweise, zumal wo die Maxime, dem Stand der Untersuchung nicht vorzugreifen, so fest inne gehalten wird, nicht vor der Auseinandersetzung mit der Metaphysik des Unbewußten erwarten. Wenn übrigens ein Leser es unangenehm empfinden sollte, daß die Worte sich so fertig und geschmeidig mit einem Problem abzufinden wissen, selbst wo die sachlichen Elemente desselben noch keineswegs der Räthselhaftigkeit entrückt sind, so will ich diesem gestehen, daß auch mich der Mangel des menschlichen Intellectes, nicht ohne die Hülle der Worte in die reine Wesenheit der Sachen schauen zu können, bedrückt, muß aber hinzufügen, ob nicht auch er diesen Mangel für einen unentrinnbaren hält?

Wenn die bisherigen Lösungen der Ph. d. U. in der Einführung des Begriffes der unbewußten Vorstellung ihre Originalität haben, aber auch ganz von diesem abhängig sind, so muß es uns sehr willkommen sein, wenn endlich im Capitel A IV. nunmehr

IV.

die begriffliche Erörterung der Verbindung von Wille und Vorstellung und namentlich der Versuch einer schon mehrfach verlangten Rechtfertigung der Nothwendigkeit des Begriffes der unbewußten Vorstellung folgt. Wenn der Actus des Wollens sich vollziehen soll, so muß nothwendig gegeben sein erstens ein irgendwie bestimmter Zustand und zweitens der andere Zustand, in welchen jener Act den gegebenen hinüberführen will. Der erste Zustand ist gegenwärtig und wirklich, der andere kann nicht gegenwärtig sein und mußte doch gegeben sein; folglich kann dieses Gegebensein nur ein ideelles sein: der andere gewollte Zustand ist nicht gegeben als existirend oder actuell, sondern als potentiell oder vorgestellt. So ist der Wille nicht ohne Vorstellung; der reine begriffliche Wille ist die bloße leere Form des Strebens und entzieht sich als das der Vorstellung gerade Heterogene jeder weiteren Beschreibbarkeit bis auf das Eine Merkmal, daß er die unmittelbare Ursache der Veränderung ist; der besondere wirkliche Wille ist das mittels der Vorstellung des gewollten Zustandes Specialisirte des reinen Willens. Dieser begrifflichen Erörterung entspricht in concreto zunächst jeder Wille, dessen Inhalt die bewußte Vorstellung eines von dem des Ausgangspunktes verschiedenen Zustandes ist; aber auch wo ein unbewußter Wille die Ursache von Veränderung ist, fällt er unter dasselbe Gesetz, durch Rückwirkliches, also durch Vorstellung eines zu Verwirklichenden, bestimmt sein zu müssen: liegt diese Vorstellung der bewußten Erkenntniß nicht offen, so muß sie eben eine unbewußte sein, weil sie doch überhaupt gegeben sein mußte. Ist nun auch Vorstellung nöthig zu jedem Willensacte, so ist sie doch niemals die eigentliche, in diesem thätige Kraft, vielmehr ist sie als solche jeder Fähigkeit baar, über sich hinauszugehen; und ist andererseits bei scharfer Sonderung der Elemente im Willensacte der Wille auch stets das eigentlich wirksame, die Veränderung vollziehende Princip, so würde er doch für sich allein niemals die bestimmte Veränderung hervorrufen können, weil das jedesmalige Was, das gewollt wird, die Zuthat der Vorstellung ist. — Wir sind hiermit an einem sehr entscheidenden Punkt für die Kritik der Ph. d. U. gekommen. Falls es der Ph. d. U. gelingt, die innere Möglichkeit der — und zwar in ihrem, und nicht im Herbart-Frechnerschen Sinne — unbewußten Vorstellung nachzuweisen, so ist offenbar die unbewußte Vorstellung ein so zutreffendes Lösungswort für dunkle Probleme — so bis jetzt schon das der willkürlichen Bewegung und das des thierischen Instinctes — daß nicht nur die Richtigkeit der bisherigen Anwendung dieses Begriffes seitens der Ph. d. U. sehr an Wahrscheinlichkeit gewinnt, sondern auch die Aussicht sich eröffnet, daß der Umfang von durch diesen Begriff zu erklärenden Erscheinungen sich noch außerordentlich erweitern wird; umgekehrt, wenn die Ph. d. U. mit dem Versuche scheiterte, die Denkbarkeit der Realität der unbewußten Vorstellung zu erhärten, so würden alle ihre Aufstellungen, die von der Anwendung dieses Begriffes abhängig sind, also doch wohl alle ihre principiellen und specifisch eigenthümlichen Sätze, von nun ab auf die Möglichkeit einer Stelle im objectiven System der Wissenschaft verzichten müssen und nur noch den Werth eines geistvollen subjectiven Gedankenspieles behalten. Um nun hier die Kritik auf das behutsamste auszuüben, glaube ich zunächst feststellen zu müssen, welche Sätze in dem obigen Gedankengange, in Folge von Vorangegangenem oder immanenter Evidenz, der Ph. d. U. einzuräumen sind, damit schon jetzt der fragliche Rest um so schärfer abgegrenzt werde. Das sind nun folgende: 1) Der Wille als solcher — die Definition dieses Begriffes aus dem, was allen Willensäußerungen gemeinschaftlich ist, mit Abzug alles dessen, was an ihnen Vorstellung, Reiz oder mechanische Causalität ist, abstrahirt — ist reines, nicht weiter bestimmtes Streben und das mit den sogenannten Naturkräften identische Princip. 2) Wo dieses Streben in der Einheit des vorstellenden und wollenden Wesens durch die bewußte Vorstellung seinen Inhalt bekommt, da ist das Verhältniß von Wille und Vorstellung in der That dasjenige, welches die Ph. d. U. aufstellt: diese Species des Wollens zerlegt sich in die Momente: Bewußtsein eines gegenwärtigen Zustandes, Vorstellung eines zukünftigen Zustandes, specialisirtes Streben, den ersteren zu dem letzteren Zustande hinüberzuführen. Es fragt sich nun, ob dies die nothwendigen Momente nur der Species Willkür, oder überhaupt des Genus Wille sind. Die bejahende Beantwortung letzterer Frage stützt die Ph. d. U. auf folgende Schlußreihe, die ich noch einmal in ihren einfachsten Elementen anführe:

1) Jedesmal wo in concreto Wille vorkommt, muß in ihm das Moment des gewollten Zustandes vorhanden sein.
Dieser gewollte Zustand ist nicht als gegenwärtig wirklich im Willen vorhanden.
Folglich kann er nur als vorgestellter vorhanden sein.
2) In vielen Fällen, wo in concreto Wille vorhanden ist, ist nicht eine bewußte Vorstellung des gewollten Zustandes vorhanden. (MoP)
Eine Vorstellung desselben überhaupt mußte vorhanden sein. (MaS.)
Folglich müssen auch unbewußte Vorstellungen vorhanden sein können. (SoP.)

Zunächst ist zu beachten, daß mit diesen Syllogismen der Begriff der unbewußten Vorstellung gar nicht in sich illustrirt, sondern nur in seinem Dasein erschlossen wird. Jedermann wird, wenn er von unbewußten Vorstellungen hört, zunächst versuchen, sich eine unbewußte Vorstellung in ihrem Wesen begreiflich zu machen; er wird versuchen, wenn ihm versichert wird, daß dergleichen in seinem Innern vorkommen, eine solche zu ertappen und zu belauschen. Das Bewußtsein als der Schauplatz alles wissenschaftlichen Erkennens kann es wirklich nicht unterlassen, sogar die ex hypothesi unbewußte Vorstellung als unmittelbares Erkenntnißobject vor sein Forum ziehen zu wollen. Wenn ich mir selbst und dem Leser bis jetzt noch nicht ausdrücklich gesagt hatte, daß dieses Verlangen einen handgreiflichen Widerspruch in sich schließt, so ist es gewesen, weil es vor der besonderen Betrachtung dieses Punktes nicht leicht ist, sich von einem Postulat des Bewußtseins zu emancipiren, welches aus dem Wesen des letzteren entspringt. Aber bei der geringsten Attention darauf wird man sofort der Versicherung des Herrn v. H.

(vgl. Philos. Monatshefte IV, 1, S. 44) zustimmen, daß "das Bewußtsein sich niemals eine direkte Anschauung davon bilden könne, wie das Unbewußte vorstellt." Ob damit der Begriff der unbewußten Vorstellung, falls er durch obige Syllogismen, also mittelbar, sich als gültig erweisen sollte, für das Bewußtsein seinem Inhalte nach sich doch vom Nichts unterscheidet, diese Frage können wir erst nach Prüfung obiger Syllogismen selbst entscheiden. Um nun diese so wichtige Prüfung möglichst von dem Ungefähr zufällig sich zudrängender Worte frei zu erhalten und den Nerv der Beweisführung ganz bloß zu legen, bringe ich beide auf eine Form, welche derjenigen der Syllogismen in der formalen Logik entspricht. Setzt man in dem ersteren S = Wille, P = etwas nicht-Wirkliches involvirend, M = den gewollten Zustand involvirend, so ist seine Form

SaM.
MaP.
SaP.,

worin a bekanntlich überall das Zeichen für ein allgemein bejahendes Urtheil ist. Auf diese Weise erweist sich der Syllogismus 1. allerdings als ein formal gültiger Schluß in dem Modus Barbara der ersten Figur, aber es ergibt sich auch, daß der oben lautende Schlußsatz: "der gewollte Zustand muß in dem Willen als vorgestellter vorhanden sein" kraft logischen Rechtes zunächst nur so ausgesprochen werden kann: "jeder Wille ist (etwas nicht-Wirkliches involvirend), die Klammer im mathematischen Sinne verstanden. Es bleibt also nach dem Syllogismus 1. immer noch die Frage, ob Etwas, was in irgend einem Sinne mit einem Anderen schon gegeben sein muß und doch nicht wirklich ist, nur als vorgestellt gegeben sein kann, oder auch noch in einem anderen dritten Sinne. Diese Frage nun löst der Syllogismus 2. mit nichten in dem eine dritte Möglichkeit ausschließenden Sinne der Ph. d. U.: er schließt, auf streng logische Form gebracht:

Einige Willen sind nicht (eine bewußte Vorstellung des gewollten Zustandes involvirend) = MoP

Alle Willen sind (überhaupt e. Vorstellung d. gewollten Zust. involvirend) = MaS.

Einiges (überhaupt eine Vorstellung des gewollten Zustandes Involvirende) ist nicht (eine bewußte Vorstellung des gewollten Zustandes involvirend) = SoP.

Hienach scheint nun Alles (nach der Schlußweise Bocardo in Figur 3) in der besten Richtigkeit. Allein nun sehe man, daß der Untersatz des Syllogismus 2. eben die Voraussetzung ist, unter welcher allein schon der Schlußsatz des Syllogismus 1. nur gültig sein konnte. Die obige offen gelassene, durch den gesperrten Druck ausgezeichnete Hauptfrage ist also durch den zweiten Syllogismus nicht gelöst, sondern ihre im Sinne der Ph. d. U. anticipirte Beantwortung macht diesen erst selbst möglich. Durch die dem Leser vielleicht höchst unerträgliche Pedanterie der formell logischen Darstellung ist nunmehr der große Vortheil erreicht, daß der springende Punkt der Controverse mit mathematischer Sicherheit gefunden worden ist. Ich habe selbst an einem so einfachen Beispiele die scheinbare Breite des kunstgemäßen Denkens anstatt der Entscheidung der unmittelbaren Urtheilskraft nicht gescheut, weil ich gar zu oft, und so auch in der Disputation des Hrn. v. H. und des Herrn Dr. Bergmann über den nämlichen Punkt (Philos. Monatsh. IV., 1, S. 38 ff.) die Erfahrung gemacht habe, daß gerade in Controversen ohne die schlichteste und strengste Methodik Jeder am Ende bei seiner Meinung bleibt, und also trotz allem Geistesaufwandes das Wichtigste, die Wahrheit des streitigen Punktes, nicht zur zwingenden Evidenz gebracht wird. Jener springende Punkt liegt ja nun ganz allein in der materialen Richtigkeit oder Unrichtigkeit des Satzes: jeder Wille involvirt die Vorstellung des gewollten Zustandes. Und dieser Satz ist nicht richtig. Es ist durchaus nicht nothwendige Bedingung, daß falls aus einem Zustande ein anderer werden soll, in dem Subjecte des gegebenen Zustandes der zukünftige durch Vorstellung repräsentirt sein muß. Der unbestimmte reine Wille muß freilich erst durch ein Anderes specialisirt werden, um der bestimmte Wille des zukünftigen Zustandes zu werden; aber dieses Andere braucht nicht Vorstellung zu sein, es kann auch die Einwirkung realer Ursachen sein, welche den Willen specialisirt und ihn necessitirt, nicht in dem gegebenen Zustande bleiben zu können und aus diesem heraus in den anderen resultirenden Zustand streben zu müssen. Diese Art des Bestimmtwerdens des Willens muß man mit Schopenhauer überall dort erblicken, wo eine Veränderung durch bloße physikalische Kräfte bedingt ist. Da hat das Subject, welches die Veränderung erleidet, gar nicht nöthig, sich erst eine Vorstellung von dem resultirenden Zustande zu bilden, um zu ihm gelangen zu können, ja es steht ihm das nicht einmal frei, sondern es muß und kann nicht anders als in den Zustand zu gelangen, welcher durch das Verhältniß aller zur Wirkung gelangenden Kräfte durch und durch necessitirt ist. Man mache nur die Anwendung auf das Parallelogramm der Kräfte, auf den fallenden Stein, auf die rollende Billardkugel, man wird die absolut vorstellungslose Bestimmung des Willenscentrums des Subjectes der Veränderung durch mechanische Causalität, d. h. durch die überwiegende Kraft finden. Mußte der gewollte Zustand in irgend welchem Sinne schon in dem Ausgangszustande gegeben sein, und konnte er es nicht als gegenwärtig wirklicher, so braucht er es also nicht als vorgestellter zu sein, sondern kann es als ein in dem gegenwärtigen Zustande schon insofern enthaltener sein, als er mit absoluter Nothwendigkeit durch die Einwirkung der gegebenen causalen Momente aus ihm hervorgehen wird. Wenn mithin die Behauptung der Ph. d. U., daß jeder concrete Wille durch Vorstellung in seinem Inhalte bestimmt sein muß und also, wo er nicht durch bewußte Vorstellung bestimmt ist, durch unbewußte bestimmt sein müßte, in dieser Allgemeinheit falsch ist, so bleibt doch noch die Frage übrig, ob überhaupt irgend welche Klasse von Willensäußerungen durch unbewußte Vorstellung ihren Inhalt bekommt. Die Ph. d. U. statuirt dieses, wie wir jetzt schon wissen, für den von dem bewußten Willen der willkürlichen Bewegung involvirten unbewußten Willen der Erregung der entsprechenden Centralenden motorischer Nervenfasern und für den Willen zur Instincthandlung. Was nun den letzteren betrifft, so befindet sich das

Thier in dem Momente seines Eintretens in einem ganz analogen Zustande des Nicht-anders-könnens, wie die Billardkugel, welche auf erfolgenden Stoß nicht anders kann als laufen; nur daß hier aus allen übrigen causalen Momenten die innere Nöthigung nicht erklärt werden könnte, wenn man nicht irgendwie die Idee des Zweckes mit zu ihnen rechnet. Die Realität dieser Idee für das Thier selbst haben wir oben nur eben in dem inneren Drange zur Instincthandlung erkennen können und nicht außerhalb desselben und vor ihm in dem Nichts einer unbewußten Vorstellung; der Inhalt dieses Dranges ist auch nicht die Vorstellung des Zweckes, sondern die (bewußte) der Instincthandlung, den Willen zu welcher ich nur deshalb einen Drang nenne, weil er in der causalen Abhängigkeit seines Daseins auf ein räthselhaftes, nicht unmittelbar gegebenes Moment hinweist. Will man dieses nun eine unbewußte Vorstellung in der Thierseele nennen und das Wesen einer solchen in ein ganz unmittelbares, dem Bewußtsein nicht beschreibbares Hellsehen setzen, so bildet man damit eine Hypothese, welche in Worten das Problem löst, mit der Unfaßbarkeit ihres Stichwortes aber dasselbe für das Denken doch ungelöst stehen läßt. Indessen mag bei der Unhaltbarkeit der übrigen Hypothesen — zu welcher ich nur noch die mit ihrer Voraussetzung der Nichtrealität des zeitlichen Geschehens hinfällige Kant-Schopenhauer'sche hinzuzufügen wüßte — mit dem Begriff der unbewußten Vorstellung für die Philosophie doch so viel gewonnen sein, wie mit dem der imaginären Größe für die Mathematik. Die Anwendung desselben dürfte in noch höherem Grade sich aufdrängen für die Lösung des Räthsels der willkürlichen Bewegung, wenn man dieses nicht als absolut unaufhellbar stehen lassen will. Jedenfalls führen beide Probleme auf das Dasein eines geistigen Waltens außerhalb des Bewußtseins der Individuen, also über den Materialismus hinaus. Die über die unmittelbaren Folgerungen des inductiven Theiles der Ph. d. U. hinausgehenden Fragen, ob dieses geistige Walten das einer Seele der Einzelwesen, oder eines unbewußten oder eines bewußten occasionalistisch eingreifenden absoluten Wesens ist, darf ich wohl auch hier noch mit um so größerem Rechte auf die Darstellung und Kritik der Metaphysik der Ph. d. U. verschieben, als die Methodik der gegenwärtigen Abhandlung grundsätzlich überall die Vermengung der Untersuchungsstandpunkte vermieden hat.

Ich bin mit den obigen vier in sich abgeschlossenen, aber doch auf das gemeinsame Untersuchungsobject des Unbewußten zielenden, kleineren Abhandlungen soweit gelangt, wie es mir der Raum unseres diesjährigen Programms erlaubt. Es sollte mich außerordentlich freuen, wenn dieser oder jener Leser durch die obigen Darstellungen sich zu einem eindringenden Studium der Ph. d. U. selbst veranlaßt fühlen sollte, deren kritische Bewältigung meines Erachtens eine Hauptaufgabe der nächsten philosophischen Bestrebungen unserer Zeit sein muß. Ich selbst gedenke mich in der Fortsetzung der angefangenen Arbeit über die Ph. d. U. nach meinen Kräften zu bemühen, an meinem Theile zur Erfüllung jener Aufgabe beizutragen und beabsichtige dem etwaigen Wunsch, alle beide Theile der in diesem Programm begonnenen Arbeit sich ohne Schwierigkeit zugänglich zu machen, durch Herstellung einer kleinen Anzahl von Specialabdrücken entgegenzukommen. An diesem Ort kann ich dem Leser dieses Programms den Mangel an Vollständigkeit zunächst nur erſetzen durch eine Angabe der Ueberſchriften der weiteren Capitel der „Ph. d. U.", mit welcher ich ſchließe:

A. V. Das Unbewußte in den Reflexbewegungen. VI. Das Unbewußte in der Naturheilkraft. VII. Der indirecte Einfluß bewußter Seelenthätigkeit auf organiſche Functionen. 1) Der Einfluß des bewußten Willens: a) die Muskelcontraction; b) Willensſtröme in ſenſibeln Nerven; c) der magnetiſche Nervenſtrom; d) die vegetativen Functionen. 2) Der Einfluß der bewußten Vorſtellung. VIII Das Unbewußte im organiſchen Bilden. B. Das Unbewußte im Geiſte. I. Der Inſtinct im menſchlichen Geiſte. II. Das Unbewußte in der geſchlechtlichen Liebe. III. Das Unbewußte im Gefühle. IV. Das Unbewußte in Charakter und Sittlichkeit. V. Das Unbewußte im äſthetiſchen Urtheile und in der künſtleriſchen Production. VI. Das Unbewußte in der Entſtehung der Sprache. VII. Das Unbewußte im Denken. VIII. Das Unbewußte in der Entſtehung der ſinnlichen Wahrnehmung. IX. Das Unbewußte in der Myſtik. X. Das Unbewußte in der Geſchichte. XI. Das Unbewußte und das Bewußtſein in ihrem Werthe für das menſchliche Leben.

C. Metaphyſik des Unbewußten.

I. Die Unterſchiede von bewußter und unbewußter Geiſtesthätigkeit und die Einheit von Wille und Vorſtellung im Unbewußten. II. Gehirn und Ganglien als Bedingung des thieriſchen Bewußtſeins. III. Die Entſtehung des Bewußtſeins. IV. Das Unbewußte und das Bewußtſein im Pflanzenreiche. V. Die Materie als Wille und Vorſtellung (Atomiſtiſcher Dynamismus). VI. Der Begriff der Individualität. VII. Die All-Einheit des Unbewußten. VIII. Das Weſen der Generation vom Standpunkte der All-Einheit des Unbewußten. IX. Die aufſteigende Entwickelung des organiſchen Lebens auf der Erde (Darwin). X. Die Individuation. XI. Die Allweisheit des Unbewußten und die Beſtmöglichkeit der Welt. XII. Die Unvernunft des Wollens und das Elend des Daſeins.

Orientirung über die Aufgabe. Erſtes Stadium der Illuſion: das Glück wird als auf der jetzigen Entwickelungsſtufe der Welt erreicht und daher dem Individuum im Leben erreichbar gedacht (Alte Welt — Kindheit) 1) Kritik der Schopenhauer'ſchen Theorie von der Negativität der Luſt. 2) Geſundheit, Jugend, Freiheit, auskömmliche Exiſtenz und Zufriedenheit. 3) Hunger und Liebe. 4) Mitleid, Freundſchaft und Familienglück. 5) Eitelkeit, Ehrgeiz, Ruhmſucht und Herrſchſucht. 6) Religiöſe Erbauung. 7) Unſittlichkeit. 8) Wiſſenſchaftlicher und Kunſtgenuß. 9) Schlaf und Traum. 10) Erwerbstrieb und Bequemlichkeit. 11) Neid, Aerger, Reue ꝛc. 12) Hoffnung. 13) Réſumé. Zweites Stadium der Illuſion: das Glück wird als ein dem Individuum in einem tranſcendenten Leben nach dem Tode erreichbares gedacht (Mittelalter — Jünglingszeit). Drittes Stadium der Illuſion: das Glück wird als in der Zukunft des Weltproceſſes liegend gedacht (Neue Zeit — Mannesalter). Schluß (Greiſenalter). XIII. Das Ziel des Weltproceſſes und die Bedeutung des Bewußtſeins. (Uebergang zur praktiſchen Philoſophie. XIV. Die letzten Principien.

I. Chronik der Schule.

1. Wir können auf das verflossene Schuljahr nicht zurückblicken, ohne zunächst den erhebenden Gefühlen Ausdruck zu geben, mit welchen die Erinnerung an die durchlebte große und unvergeßliche Zeit unsere Herzen erfüllt. Wir sind Zeugen gewesen von dem begeisterten Aufschwunge unseres ganzen Volkes und von dem unwiderstehlichen Heldenmuth, mit welchem es unter der Führung des greisen Herrschers und seiner tapfern Feldherrn gegen den Erbfeind gestritten und die Schrecken des Krieges von den Grenzen unseres theuren Vaterlandes fern gehalten hat. Wir haben die Tage der Freiheitskriege wiederkehren und vor unseren eigenen Augen das geschehen sehen, wovon uns aus jener Zeit des ersten heiligen Kampfes unsere Väter und Großväter erzählt haben. Auch in unseren Schulen und auf unseren Universitäten ist ein neuer schöner Geist erwacht, und die hohen Ideen von Ehre, Freiheit und Vaterland, für welche wir selbst in unserer Jugend schwärmten, haben auf's neue die Herzen unserer Söhne entflammt. Viele edle Jünglinge sind in's Feld gezogen, dem Rufe des Heldenkönigs folgend, welcher von Gott dazu berufen gewesen ist, die Herrlichkeit des alten deutschen Reiches wieder aufzurichten und die Krone Friedrich Barbarossa's mit neuem unverlöschlichem Glanze zu schmücken. Unsere junge Lehranstalt darf sich in Hinsicht auf den vaterländischen Sinn ihrer Zöglinge mit Stolz mancher ihrer älteren Schwestern an die Seite stellen. Von den 14 Abiturienten, welche in der Zeit von Ostern 1869 bis dahin 1870, mit einem Zeugniß der Reife von unserem Gymnasium entlassen worden sind, haben sich 9, von den aus Secunda und Tertia in derselben Zeit abgegangenen Schülern ebenfalls nicht wenige freiwillig dem Kriegsheere eingereihet und an den blutigen Schlachten an der Mosel und Loire rühmlichen Antheil genommen. Außerdem haben gleich nach dem Ausbruche des Krieges zwei aus unserer Stadt gebürtige Primaner, Otto Weibezahn und Karl Rost, die durch Ministerial-Verfügung angeordnete beschleunigte Maturitätsprüfung bestanden und sich dem Militairdienst gewidmet, um sofort in die gelichteten Reihen der älteren Mitkämpfer einzutreten und demnächst die schmerzlichen Verluste an tapferen Officieren, die für König und Vaterland gefallen sind, ersetzen zu helfen. Auch zu Anfang dieses Jahres haben drei unserer Primaner, unter denen wiederum 2 hoffnungsvolle Söhne unserer Stadt zu nennen sind, Erwin Wedekind und Wilhelm von Reck, in Folge der erneuerten Aufforderung zu freiwilligem Eintritt in die militairische Laufbahn rasch den Entschluß gefaßt, sich einer beschleunigten Maturitätsprüfung zu unterziehen und sich als Officier-Aspiranten bei dem Ingenieur- und Artilleriecorps annehmen zu lassen. Inzwischen ist die frohe Kunde von dem Abschlusse des glorreichen Friedens eingetroffen, und unsere Schule rüstet sich jetzt zu einer glänzenden Siegesfeier, welche am nächsten Sonnabend, dem 18. d. M., als Vorfeier des großen allgemeinen städtischen Festes statt finden wird. — Nicht alle Eltern der hiesigen Stadt sind so

glücklich, die in den Kampf gezogenen Söhne wieder in die Heimath und das väterliche Haus zurückkehren zu sehen und manche Familie trauert in den Tagen der öffentlichen Siegesfreude um die theueren Gebliebenen; aber der Gedanke an das Vaterland wird auch sie trösten und dem Schmerze um die Ihrigen den bittersten Stachel rauben. Wir wollen es mit innigem Danke gegen Gott erkennen, daß keiner von den oben erwähnten freiwillig eingetretenen frühern Schülern unseres Gymnasiums ein Opfer des Krieges geworden ist und daß ihr Leben auch in den mörderischen Schlachten und während der Mühen und Entbehrungen des Winterfeldzuges vor allen drohenden Gefahren behütet und bewahrt geblieben ist.

2. Der Gang des Unterrichts ist durch die Bewegungen und Erregungen des verflossenen Kriegsjahres zwar oft erschwert, aber nie in störender Weise gehemmt und unterbrochen worden. Alle Lehrer haben in den Tagen der Sorge und erwartungsvollen Spannung mit verdoppelter Kraft den Pflichten ihres Amtes zu genügen und ihren Schülern durch Selbstbeherrschung und Maßhaltung in den durch die großen Ereignisse hervorgerufenen Stimmungen mit gutem Beispiele voranzugehen gesucht. — An den Tagen, an welchen zuerst die Nachricht von der Uebergabe von Sedan und der Gefangennahme des französischen Kaisers einen stürmischen Jubel in unserer ganzen Stadt hervorrief, dann die Kunde von der lang ersehnten Capitulation von Metz und der eingeschlossenen Armee alle Gemüther in die freudigste Aufregung versetzte, und endlich zu Anfang dieses Jahres die Capitulation von Paris, der Abschluß des Waffenstillstandes und die Unterzeichnung der Friedenspräliminarien jeden Zweifel an der baldigen glücklichen Beendigung des langen blutigen Streites beseitigte, wurde zur Feier der ohne Beispiel in der Weltgeschichte dastehenden großartigen Erfolge unserer deutschen Waffen der Unterricht für einen halben oder ganzen Tag ausgesetzt und den Schülern eine freiere Bewegung und lautere Kundgebung ihrer patriotischen Gefühle gern gestattet. Wir freuen uns, ihnen das Zeugniß geben zu können, daß sie sich durch die herrschende Aufregung nicht über die Grenzen der Sitte und des Anstandes haben fortreißen lassen und die Feier der außerordentlichen und über die kühnsten Erwartungen hinausgehenden Ereignisse stets in angemessener und würdiger Weise zu begehen bemüht gewesen sind.

3. Bereits im vorjährigen Berichte wurde mitgetheilt, daß es den vereinten Bemühungen des Königl. Provinzial-Schul-Collegiums und des städtischen Patronats gelungen sei, die durch den Abgang von drei Lehrern des Gymnasiums erledigten Stellen durch geeignete tüchtige Kräfte wieder zu besetzen. Die neu berufenen Herren Collegen Pertz, Dr. Schneidewin und Görges*) wurden am 25. April vor den versammelten Lehrern und Schülern des Gymnasiums

---

*) Karl August Pertz, geboren zu Hannover am 21. Mai 1825, lutherischer Confession, besuchte das Lyceum daselbst, studirte von Ostern 1845 bis 1849 in Göttingen Philologie und war Mitglied des philologischen und pädagogischen Seminars. Nachdem er von Ostern 1849 bis 1853 als Hauslehrer thätig gewesen war, wurde er als Hülfslehrer am Gymnasium zu Göttingen angestellt, dann Johannis 1853 als Collaborator nach Clausthal berufen und hier 1863 zum Oberlehrer und 1865 zum Conrector ernannt. Zu Ostern 1870 trat er sein hiesiges Amt an. Im Druck sind von ihm erschienen: Colophoniaca, Göttingen 1848, Quaestionum Lysiacarum Cap. I, Clausthal 1857, Cap. II, Clausthal 1862.

und im Beisein des Herrn Obergerichtsraths Mertens und des Herrn Pastors Grütter von dem Herrn Bürgermeister Schmidt feierlich in ihr Amt eingeführt und von dem unterzeichneten Director in seinem und seiner Collegen Namen herzlich willkommen geheißen. Es wäre zu wünschen gewesen, daß das so glücklich wieder ergänzte Collegium für längere Zeit in ungestörtem Zusammenwirken hätte verbunden bleiben können; allein schon jetzt steht uns leider der Verlust des einen der zu Ostern eingetretenen trefflichen Collegen, des Herrn Correctors Pertz, bevor, welcher in Betracht seiner vielseitigen Kenntnisse und seiner reichen Erfahrung als practischer Schulmann von den hohen Behörden für die selbstständige Leitung eines Gymnasiums im Rheinlande bestimmt ist. Wir bedauern aufrichtig, den zuverlässigen und freundlich gesinnten Collegen, der in der kurzen Zeit seines Hierseins uns allen lieb und werth geworden ist, wieder aus unserer Mitte scheiden zu sehen; doch müssen wir ihm selbst von ganzem Herzen dazu Glück wünschen, daß seine ausgezeichneten Leistungen eine so ehrenvolle Anerkennung gefunden und ihm einen seinen eigenen Neigungen und Wünschen zusagenden Wirkungskreis in Aussicht gestellt haben. Wir dürfen zugleich die zuversichtliche Hoffnung hegen, daß es der bewährten Fürsorge der königlichen und städtischen Behörden gelingen wird, auch die in dem Collegium entstehenden Lücken auf eine solche Weise auszufüllen, wie es die fernere gedeihliche Entwickelung unserer emporblühenden Anstalt dringend erfordert.

4. Während durch den Ausbruch des Krieges die Entscheidung der vielerwogenen Frage in Betreff der mit dem Gymnasium verbundenen **Realclassen** nothwendig verzögert werden mußte, haben die städtischen Collegien an demselben Tage, an welchem die Kunde von dem Abschluß der Friedenspräliminarien in unserer Stadt eintraf, einstimmig den hocherfreulichen und für die Zukunft unserer hiesigen Schulanstalten hochwichtigen Beschluß gefaßt, daß den beiden seit der Errichtung unseres Gymnasiums bestehenden **Realclassen** eine **Realsecunda** hinzugefügt und dadurch die so dringend gewünschte und durch die Verhältnisse unserer Stadt unabweislich

---

Max Paul Ernst Berthold Scheidewin, geboren zu Göttingen am 24. Februar 1843, lutherischer Confession, besuchte das Gymnasium zu Göttingen von Ostern 1851 bis Michaelis 1860 und studierte zu Göttingen bis Michaelis 1863 Philologie und Philosophie. Während der letzten beiden Studienjahre war er ordentliches Mitglied des philologischen Seminars. Nachdem er am 31. Oct. das Examen pro facultate docendi bestanden hatte, setzte er seine Studien in Berlin weiter fort, fand aber schon zu Anfang des Jahres 1864 Beschäftigung als Lehrer an dem königl. Friedrich-Wilhelms-Gymnasium daselbst, an welchem er sein Probejahr absolvierte. Sodann war er an demselben Gymnasium als wissenschaftlicher Hülfslehrer bis Ostern 1867 thätig und nahm zugleich an den Uebungen des von Böckh geleiteten Königl. Seminars für gelehrte Schulen Antheil. Von Ostern 1867 bis 1870 hatte er eine definitive Anstellung an dem Gymnasium zu Arnstadt, von wo er in sein jetziges Amt übertrat. Im Druck sind von ihm erschienen: Quaestion. philosoph. de Platon's Theaeteti parte priori als Doctordissertation, 1865; Die Keime erkenntnißtheoretischer und ethischer Philosopheme bei den vorsokratischen Denkern, als Programm des Gymnasiums zu Arnstadt, 1868 (weitersortgeführt in den philosophischen Monatsheften.)

Ernst Gerhard August Görges, geboren den 11. Septbr. 1843 zu Lüneburg, erhielt seine Gymnasialbildung auf dem Gymnasium seiner Vaterstadt, studierte seit Ostern 1864 Theologie in Göttingen, bestand im Herbst 1867 sein erstes theologisches Examen in Hannover und kehrte zur Fortsetzung seiner Studien nach Göttingen zurück, wo er seit Ostern 1867 bis Ostern 1864 als ordentliches Mitglied an den Uebungen des Königl. pädagogischen Seminars Theil nahm. Nachdem er hierauf als Lehrer an dem Progymnasium zu Rotenburg angestellt worden war, machte er im Februar 1870 das Examen pro facultate docendi zu Bonn und wurde zu Ostern desselben Jahres an das hiesige Gymnasium berufen.

geforderte Begründung einer mit den Gymnasialclassen verbundenen **höheren Bürgerschule** zur Ausführung gebracht werden soll. Es wird nun unverzüglich zur Berufung eines geeigneten Lehrers geschritten werden, um schon zu Ostern d. J. mit Beginn des neuen Schuljahres die beschlossene Erweiterung der Realclassen zu einer für alle nichtstudierenden Schüler ausreichenden Anstalt ins Leben zu rufen. Alle vom Unterricht im Griechischen dispensierten Schüler der Gymnasialclasse werden nun in die Realclassen übertreten und in der neu errichteten Realsecunda den Abschluß ihrer Bildung und die Berechtigung zum einjährigen Militairdienst eben so sicher und eben so bald erreichen, als dies in der Gymnasialsecunda mit Dispensation vom Griechischen möglich war. Es bedarf nur den Staatsbehörden gegenüber des Nachweises, daß die Realclassen im wesentlichen auf dem Standpuncte der entsprechenden Classen einer Realschule 1. Ordnung stehen. Ist dies nachgewiesen, so darf mit Sicherheit erwartet werden, daß das Königl. Provinzial-Schul-Collegium zu Hannover bei Sr. Excellenz dem Herrn Minister der geistlichen, Unterrichts- und Medicinalangelegenheiten die Aufnahme der neuen Realclassen in die Kategorie der höhern Bürgerschulen und die Zulassung der Schüler der Realsecunda zu einer Abgangsprüfung beantragen wird. Es ist dabei die Möglichkeit nicht ausgeschlossen, daß bei einer genügenden Anzahl von Schülern, welche nach Absolvierung der Realsecunda noch eine Realprima zu besuchen wünschen, auch die Errichtung dieser Classe beschlossen und dadurch eine vollständige Realschule 1. Ordnung mit noch ausgedehnteren Berechtigungen den Gymnasialclassen an die Seite gestellt werden wird. Zunächst ist es als wahrscheinlich zu betrachten, daß die neuen Realclassen den entsprechenden Gymnasialclassen an Schülerzahl bald gleichkommen und dann sämmtliche Combinationen völlig wegfallen werden.

5. Schon zu Michaelis des vorigen Jahres ist durch die Fürsorge des hochlöblichen Magistrats auf den Antrag des Unterzeichneten die sehr wünschenswerthe Einrichtung getroffen worden, daß die Vorschule des Gymnasiums, in welcher bisher Schüler im Alter von 6, 7 und 8 Jahren gemeinsam unterrichtet werden mußten, in zwei selbstständige Classen getheilt und für die zweite Abtheilung ein neuer Lehrer angestellt worden ist. Da jedoch der erwählte Lehrer, Herr Rode, während dieses Wintersemesters seiner Militairpflicht zu genügen hatte, so konnten beide Classen zunächst nur unter Beihülfe des an der hiesigen Bürgerschule angestellten Lehrers, Herrn Klusmann, in einer beschränkteren Zahl von Stunden unterrichtet werden. Im nächsten Schuljahr wird hoffentlich nach dem Wiedereintritt des Herrn Rode der neue Lehrplan für beide Classen vollständig zur Ausführung kommen. In die zweite Abtheilung werden sechsjährige Knaben ohne alle Vorkenntnisse aufgenommen. Der Cursus ist einjährig.

6. In den Sommermonaten des vorigen Jahres haben die Schüler der unteren Classen wiederholt in Begleitung ihrer Classenlehrer und des Turnlehrers auf ganze oder halbe Tage turnerische Spaziergänge in die Umgegend gemacht. Auch eine größere Turnfahrt, an welcher 68 Schüler der drei oberen Classen nebst 7 Lehrern Theil genommen haben, ist noch in der Zeit des Friedens am 22. und 23. Juni zur Ausführung gekommen. Das Ziel derselben waren

die Externsteine und das Hermannsdenkmal. Als auf der Höhe des letzteren die Herzen von patriotischen Empfindungen bewegt wurden, hatte niemand eine Ahnung davon, daß zwei der anwesenden Turner, und unter diesen der Turnwart, nach wenigen Monaten für das bedrohte Vaterland die Waffen ergreifen und im blutigen Kampfe die deutsche Gesinnung bethätigen würden.

7. Während der vierwöchigen Sommerferien haben die Schüler der drei unteren Classen in derselben Weise wie in dem vorhergehenden Schuljahre Gelegenheit erhalten, sich täglich zwei Stunden lang unter Aufsicht eines Lehrers im Schullocale angemessen zu beschäftigen. Es ist erfreulich, daß die gebotene Gelegenheit wiederum von einer größeren Anzahl von Schülern benutzt worden ist.

8. Mit Ausnahme des Herrn Dr. Schneidewin, welcher in Folge der Ortsveränderung während der ersten Zeit seines hiesigen Aufenthaltes mehrere Tage lang unwohl gewesen ist, und des Herrn Conrectors Rose, welcher im Laufe des Monats Februar durch eine heftige Erkältung zwei Wochen lang im Hause zurückgehalten worden ist, haben sich die sämmtlichen Collegen des besten Gesundheitszustandes zu erfreuen gehabt. Ebenso haben nur wenige Schüler wegen Krankheit die Schule für längere Zeit versäumen müssen. — Ein wackerer Schüler der Realquarta, Herm. Lübbe aus Rohrsen, ist während der Michaelisferien im Hause seiner Eltern ohne vorhergegangene Krankheit plötzlich und unerwartet in Folge eines Herzschlages gestorben.

II. Lehrplan.

A. Nach Fächern.

Ostern 1870 — Ostern 1871.

	Vorschule VIII. seit Michael.	VII.	VI.	V.	G. IV. R.	G. III. R	II.	I.	Summa
Religion	4	4	3	3	2	2	2	2	18 (im Winter 22)
Teutsch	4	(10) f. M. 8	4	3	2 — 4	3	3	3	32 (im Winter 34)
Lateinisch	—	—	8	9	9 — 6	9 — 6	9	8	64
Griechisch	—	—	—	—	6 — —	6 — —	6	6	24
Französisch	—	—	—	2	2 — 5	3 — 4	2(2)	2	22
Englisch	—	—	—	—	—	— 4	2(1)	2	9
Geschichte	—	—	} 2	2	2	2	3	3	13
Geographie	—	—		2	2	2	(2)	—	9
Naturwissenschaft	—	—	2	2	2	1	1(1)	2	11
Rechnen	4	(8) f. M. 6	4	3	— 2	—	—	—	34 (im Winter 36)
Mathematik	—	—	—	—	3	— 4 2	4	4	2 (im Winter 6)
Anschauungsübungen	4	2	—	—	—	—	—	—	9
Schönschreiben	—	—	4	2	— 2	—	—	—	4
Zeichnen	—	—	—	2	2	— 1	—	—	2
Singen	—	—	1	1	—	—	—	—	
Summa im Sommer	—	24	28	31	19 13 19	18 14 17	32 u. 6 Pfl.	32	253
„ im Winter	16	20	28	31	19 13 19	18 14 17	32 6 Pfl.	32	265

Dazu außer der gewöhnlichen Schulzeit:	
Hebräisch für künftige Theologen	4
Zeichnen für die Classen von III. aufwärts	1
Singen für die nicht dispensirten Schüler von V. an	6
Turnen für die nicht dispensirten Schüler in 3 Abtheilungen	6
Summa	282

B. Nach Lehrern.
Ostern 1870 bis Ostern 1871.

	I.	II.	III. Gymn.	III. Real.	IV. Gymn.	IV. Real.	V.	VI.	VII.	VIII. (Im Winter)	Extra-Stun-den.	Summa
Director Dr. Hegel, Ordin. von I.	1 Lat. (Üb.) 4 Griech. 3 Deutsch. 3 Gesch.	3 Gesch.										14
Rector Theilkuhl	2 Latein. 2 Griech. 2 Engl.	3 Deutsch. 2 Engl. 1 Parall. Engl. 2 Parall. Geograph.			4 Engl.	2 Deutsch.						20
Conrector Rose, Ordin. v. Real III		2 Parall. Franz.		3 Latein. 4 Franz.		6 Latein. 5 Franz.						20
Conrector Pertz	2 Religion. 5 Lat. (II.) 2 Franz.	2 Relig. 4 Griech. 2 Franz.	2 Geograph.				3 Rechn.					22
Gymn.-Lehrer Dr. Pörries, Ordin. von II.		9 Latein. 2 Griech.	3 Deutsch. 2 Religion. 2 Geschichte. 4 Griech.									22
Gymn.-L. Dr. Schneidewin, Ordin. v. Gymn. III			9 Latein. 2 Griech. 3 Lat.		2 Deutsch. 2 Latein.		2 Geogr. 2 Gesch.					22
Gymn.-Lehrer Forcke.	4 Math. 2 Physik.	4 Math. 1 Physik. 1 Parall. Physik.		2 Math. 4 Math. 1 Naturgesch.			3 Geom. u. Rechn. 2 Rechnen.					24
Gymn.-Lehrer Dr. Oetling, Ordin. von IV.			6 Franz.		7 Latein. 6 Griech. 2 Franz. 2 Gesch. 2 Geogr. 2 Deutsch.							24
Gymn.-Lehrer Oberges, Ordin. von V.				3 Religion.			3 Relig. 9 Latein. 3 Deutsch.	2 Gesch. u. Geogr.		4 Hebr. 4 Turn.		27
Gymn.-Lehrer Ohlendorf, Ord. von VI.				2 Naturgesch.		2 Franz. 2 Naturg.	3 Relig. 6 Latein. 4 Deutsch. 4 Rechn. 2 Naturg.					27
Lehrer Jördens, Lehrer der VII.								4 Schreib.	4 Bibl. Gesch. 8 Lesen u. Schreib. 9 Rechnen. 2 Deutsch. 2 Anschg.	2 Turn.		30
Hülfslehrer Riebour.			1 Zeichnen.	2 Zeichnen. 2 Schreiben.		2 Schreib. 2 Zeichnen.				1 3 An.		10
Hülfslehrer Wilkening.							1 Singen.	1 Singen.		6 Syn.		8
	32	32 u. 6 Parall.	18	14	17	19	18	19	31	28	24 (Im W. 20)	16	17	270. 282.

C. **Uebersicht der behandelten Lehrpensa.**

Ostern 1870 bis Ostern 1871.

Prima. Ordinarius: Director Dr. Regel.

1. Religion. Glaubenslehre nach Petri. Galaterbrief im Urtext. 2 St. Perg. — 2. Deutsch: Aufsätze, freie Vorträge, Declamation, Literaturgeschichte des 18. und 19. Jahrh., Lectüre: Göthe's Dramen. 3 St. Regel. — 3. Lateinisch: Cicero de oratore lib. I.; Tacit. Ann. I.; Cicero. Or. Philipp I. und II 4 St.; lateinische Aufsätze u. Extempor. 1 St. Perg. — Horat. Od. III., IV. und Satir. mit Auswahl. 2 St. Theilkuhl. — Wöchentlich 1 Exercitium nach Seyffert's Materialien, daneben Extemporalien. 1 St. Regel. — 4. Griechisch: Thucyd. lib. II. Plat. Apol. und Extemp. 3 St.; Hom. II. XIX.—XXIV. 1 St. Regel. — Sophoclis Electra und Oed. Col.—(XV). 2 St Theilkuhl. — 5. Französisch: Mignet hist. de la rév. Alle 14 Tage ein Exercitium nach Dictaten u. aus Plötz' Uebungen. 2 St. Perg. — 6. Englisch: Eine Anzahl Abschnitte aus Wash. Irving Sketch book und Shakespeare's Merch. of Venice. 2 St. Theilkuhl. — 7. Hebräisch: Die Formenlehre zum Theil wiederholt, zum Theil durchgenommen. Lectüre: 1. Samuelis 1—19; mehrere Psalmen. 2 St. Görges. — 8. Geschichte: Mittlere und neue Geschichte. 3 St. Regel. — 9. Mathematik: Im Sommer: Aehnlichkeitslehre. Rechnende Geometrie nach Zeeger. 4 St. Alle 8 oder 14 Tage eine Arbeit. Im Winter: Ebene Trigonometrie nach Helmes. 4 Stunden. Alle 8 oder 14 Tage eine Arbeit. Forcke. — 10. Physik: Einleitung Statik und Mechanik fester Körper, Magnetismus und Electricität. Nach Koppe. 2 St. Forcke. — 11. Singen: (Combinirt mit Secunda.) Compositionen für Männerchor von Fischer, Abt, Schuppert, Mendelsohn, J. Otto. 1 St. Außerdem besuchten die fähigeren Schüler die Chorstunde. Wilkening. — 12. Turnen: Gerüstübungen. 2 St. Görges.

Secunda. Ordinarius: Gymnasiallehrer Dr. Törries.

1. Religion: Petri pag. 1—55. Apostelgesch. 2 St. Perg. — 2. Deutsch: Schillers Romanzen sämmtlich auswendig gelernt nebst andern classischen Gedichten, eine große Anzahl Vorträge aus der Geschichte. Aufsätze in Abhandlungen und eine größere Anzahl Dispositionen. Einiges aus der Lehre vom Satze. 3 St. Theilkuhl. — 3. Lateinisch: Ciceronis Or. pro imp. Cn. Pompei. Sallust conj. catil. und Theile des bellum jug. Sommer 3, Winter 4 St.; Syntax des zusammengesetzten Satzes nach Kühner. Einzelne Capitel aus Berger's stilist. Vorüb. Wöchentl. 1 Exercit. aus Süpfle's Anleitung Thl. II. Wöchentliche Extemporalien. Sommer 4, Winter 3 St. Vierteljährl. ein Lat. Aufsatz. Vergil. Aen. lib. VII. und VIII. 2 St. Törries. — 4. Griechisch: Hom. Od. V. XIV. II. XV. XVI. Privatim Odyff. IV. XIII. .XV. XVI. XVIII. XIX 2 St. Törries. — Lysias R. 12. 24. 23. 18. Herodot B. I. Rep. b. Formenl. Syntax nach Kühner; Exerc. und Extemp. 4 St. Perg; 5. Französisch: Ségur hist. de Nap. Grammatik und Exerc. nach Plötz Schulgr. 2 St.

Berg. — **Englisch:** Engl. Elementarbuch von Theilkuhl. § 55 bis zu Ende. Exercitia und Extemporalien 2 St. (und 1 Pfd.) Theilkuhl. — 7. **Hebräisch:** Elementar- und Verballehre nach Seffer. 2 St. Görges. — 8. **Geschichte:** Röm. Gesch. von Erbauung der Stadt bis 476 nach Chr. 3 St. Regel. — 9. **Geographie:** Amerika und Asien in 2 Pstd. Theilkuhl. — 10. **Mathematik:** Im Sommer: Geometrie, Repetition der Lehre vom Kreise und von der Flächenvergleichung, Seeger § 114—156. Lehre von der Aehnlichkeit, Seeger § 157—185. 4 St. Wöchentlich eine Arbeit. Im Winter: Arithmetik, Repetition der 4 Species, Gleichungen ersten Grades, Lehre von Potenzen, Wurzeln; Logarithmen in elementarer Darstellung, nach Neumann. 4 St. Wöchentlich eine Arbeit. Forcke. — 11. **Physik.** Leichte Abschnitte aus der Statik, Mechanik, Wärmelehre und Optik. 1 St. u. 1 Parallelst. Forcke. — 12. **Singen:** Combiniert mit Prima 1 St. Willening. — 13. **Turnen:** Gerüstübungen. 2 St. Görges.

Gymnasial-Tertia. Ordinarius: Gymnasiallehrer Dr. Schneidewin.

1. **Religion:** Geschichte des alten Bundes seit David. Lectüre des Markusevangeliums. Gelernt die Bergpredigt. 2 St. Dörries. — 2. **Deutsch:** Lectüre Schiller'scher Gedichte. Im Anschluß an die Lectüre das Wichtigste der Metrik und der Lehre von den Tropen. Declamation, Vorträge, Aufsätze. 3 St. Dörries. — 3. **Lateinisch:** Syntax des einfachen Satzes nach Kühners kurzgefaßter Schulgrammatik, wöchentlich 1 Exercitium aus den lateinischen Stilübungen von Süpfle I., oder nach Dictat ein Extemporale. Schriftliche Uebersetzungen aus der Anleitung zum Uebersetzen von Kühner I. Sommer 3. Winter 4 Stunden. Caesaris bellum Gallicum, libr. I. — IV. Sommer 4, Winter 3 St. Ovidii Metamorphoses. lib. II. — 343 XIII, 1—398. 2 St. Schneidewin. — 4. **Griechisch:** Die Formenlehre des attischen Dialectes nach Ahrens. Wöchentlich 1 Extemporale; alle 14 Tage ein Exercitium für die erste Abtheilung. Sommer 4 St., Winter 2 St. Xenoph. Anab. II., 1—5. Winter 2 St. Dörries. Homeri Odyssea IV. V., 227—VI. 2 St. Schneidewin. — 5. **Französisch:** im Sommer; Formenlehre und Syntax nach Plötz Elementargrammatik bis zu Ende; im Winter: Formenlehre nach Plötz Schulgrammatik und Lectüre von Plötz lectures choisies. Alle 14 Tage ein Exercitium und ein Extemporale. 3 St. Oetling. — 6. **Geschichte:** Deutsche Geschichte bis zur Reformation. 2 St. Dörries. — 7. **Geographie:** Das Hauptsächlichste aus der mathematischen und physischen Geographie; Deutschland. 2 St. Berg. — 8. **Mathematik:** Im Sommer: Geometrie, gerade Linien, Winkel, Parallelen, Lehre von der Kongruenz, Kreislehre. Seeger § 1 bis 130. Im Winter: Arithmetik. Die vier Species in absoluten und algebraischen Zahlen; Proportionen; Gleichungen mit einer Unbekannten. Neumann § 1—26. 31. 32. 60. Wöchentlich eine Arbeit. 4 St. Forcke. — 9. **Naturgeschichte:** Im Sommer: Botanik nach Leunis Schulnaturgesch. Im Winter: Zoologie; die Vögel nach Leunis Leitfaden. 1 St. Forcke. — 10. **Singen:** Lehre von den Intervallen. Repetition der Scalen in Dur und Moll bis zu 5 Kreuzen und 5 Been. Notenlesen im complicierten Rhythmus nach niedergeschriebenen Uebungen. Aus Stein's Gesängen für Gymnasien zwei- und dreistimmige Lieder, welche ebenfalls sämmtlich

im Tempo gelesen wurden. Die fähigeren Schüler besuchten außerdem die Chorstunde. 1 St. Willening. — 11. Turnen: Freiübungen und Gerüstturnen. 2 St. Görges.

Real-Tertia. Ordinarius: Conrector Rose.

1. Religion: Comb. mit G.-Tertia. Dörries. — 2. Deutsch: Comb. mit G.-Tertia. Dörries. — 3. Lateinisch: Lectüre: Caesaris bellum Gallicum, lib. VII. 1—64. 3 St. Rose. Wöchentlich ein Exercitium und Extemporale. Syntax nach Kühners Grammatik. 3 Stunden. Schneidewin. — 4. Französisch: Lectüre: Plötz Lectures choisies. sect. II, 10—16, sect. III. Grammatik nach Plötz Schulgrammatik, Lection 1—28 und 33—38. Wöchentlich ein Exercitium. 4 St. Rose. — 5. Englisch: In dem Engl. Elementarbuch von Theilkuhl. § 82—120 nebst vielen mündlichen Uebungen. 4 St. Theilkuhl. — 6. Geschichte: Combiniert mit G.-Tertia. Dörries. — 7. Geographie: Combiniert mit G.-Tertia. Perz. — 8. Mathematik; Combiniert mit G.-Tertia. Forcke. — 9. Rechnen: Abschnitt 8, 9 und 10 von Löbnitz. Wöchentlich eine Arbeit. 2 St. Forcke. — 10. Naturgeschichte: Combiniert mit G.-Tertia. Forcke. — 11. Zeichnen: Nach Gypsmodellen und Vorlagen von Hermes u. s. w. 1 St. Riebour. — 12. Singen: Comb. mit G.-Tertia. Willening. — 12. Turnen: Freiübungen und Gerüstturnen. 2 St. Görges.

Gymnasial-Quarta. Ordinarius: Gymnasiallehrer Dr. Oetling.

1. Religion: Wiederholung des ersten, Durchnahme des dritten Hauptstücks und des ersten Artikels. Lectüre des größten Theils des Matthäus-Evangeliums. Einige Bibelstellen und Gesänge sind gelernt. 2 Stunden. Görges. — 2. Deutsch: Lectüre nach Oltrogge, Grammatisches, im Anschluß daran Declamierübungen. 13 deutsche Aufsätze. 2 St. Schneidewin. — 3. Latein: Repetition der Formenlehre und Durchnahme der Casuslehre nach Kühners Elementargrammatik. Wöchentlich 1 Exercitium und 1 Extemporale. Lectüre von Cornelius Nepos: Dion, Epaminondas, Eumenes, Phocion, Timoleon, de regibus. 7 St. Oetling. — Ausgewählte Stücke aus Siebelis tirocinium poëticum, die zum Theil memoriert wurden. 2 St. Schneidewin. — 4. Griechisch: Die Formenlehre des homerischen Dialectes nach Ahrens im Anschluß an die Lectüre des 9. Buches der Odyssee. Zur Einübung der Formen wöchentlich ein Extemporale und ein Exercitium. 6 St. Oetling. — 5. Französisch: Formenlehre und Syntax nach Plötz, Elementargramm. der franz. Sprache von Lection 69 bis zu Ende. Alle zwei Wochen ein Exercitium, ab und an ein Extemporale. 2 St. Oetling. — 6. Geschichte: Griechische und Römische Geschichte nach Köperts Tabellen. 2 St. Oetling. — 7. Geographie: Die außerdeutschen Theile Europas nach Daniels Leitfaden. 2 St. Oetling. — 8. Rechnen und Geometrie: Abschnitt 6 und 7 von Löbnitz. Geometrische Formenlehre nach Recum. Wöchentlich eine Arbeit. 3 St. Forcke. — 9. Naturgeschichte: Im Sommer: Botanik (Leunis Schul-Naturgesch.). Im Winter: Zoologie (Leunis Leitfaden). Der Körperbau des Menschen; die Säugethiere. 2 St. Ohlendorf. — 10. Zeichnen: Combiniert mit Real-Quarta. Vorlagen nach Hermes, Müthel u. s. w.

2 St. Riebour. — 11. Singen: Sämmtliche Tonarten mit ihren Scalen in Dur und Moll bis zu 5 Kreuzen und 5 Been. Uebungen aus der Gesanglehre. Schriftliche Ausarbeitungen nach Vorschrift. Notenlesen im Tempo bei sämmtlichen Uebungen und Liedern. Zwei- und dreistimmige Lieder aus Steins Gesängen für Gymnasien. 2 St. Außerdem besuchten die fähigeren Schüler die Chorstunde. Wilkening. — 12. Turnen: Freiübungen und Gerüstturnen. 2 St. Görges.

Real-Quarta. Ordinarius: Gymnasiallehrer Dr. Oetling.

1. Religion: Combiniert mit Gymnasial-Quarta. Görges. — 2. Deutsch: Repetition der Formenlehre und Syntax nach Heidelbergs Elementargrammatik der deutschen Sprache. Lese- und Declamierübungen nach Oltrogges Lesebuch. Alle drei Wochen ein Aufsatz. 2 St. Oetling. Satzlehre 2 St. Theilkuhl. — 3. Lateinisch: Repetition der Formenlehre nach Kühners Grammatik. Von der Syntax die Lehre von den Casus nach Kühner. Wöchentlich ein Exercitium und von Weihnachten an ein Extemporale. Lectüre aus Cornelius Nepos: Conon, Dion, Chabrias, Timotheus, Epaminondas. 6 St. Rose. — 4. Französisch: Die in Plötz Elementargrammatik II. Theil 1 und 2 enthaltenen Formen, Regeln und Uebungsstücke. Uebersetzung einiger Lesestücke. Wöchentlich ein Exercitium. 5 St. Rose. — 5. Geschichte und Geographie: Combiniert mit G.-Quarta. Oetling. — 6. Rechnen und Geometrie: 3 St. Combiniert mit G.-Quarta. Außerdem Rechnen Abschnitt 5 und 8 von Voednig. Wöchentlich eine Arbeit. 2 St. Jorcke. — 7. Naturgeschichte: Combiniert mit G.-Quarta. Ohlendorf. — 8. Schreiben: Vorschriften von Bruno. 2 St. Riebour. — 9. Zeichnen: Combiniert mit G.-Quarta. 2 St. Riebour. — 10. Singen: Combiniert mit G.-Quarta. Wilkening. — 11. Turnen: Freiübungen und Gerüstturnen. 2 St. Görges.

Quinta. Ordinarius: Gymnasiallehrer Görges.

1. Religion: Repetition der biblischen Geschichte des alten Testaments. Durchnahme der biblischen Geschichten des neuen Testaments. Das erste Hauptstück und der erste Artikel gelernt, sowie einige Gesänge und Psalmen. 3 St. Görges. — 2. Deutsch: Leseübungen mit Benutzung des Lesebuchs von L. Hansen, Theil III, daneben Declamation gelernter Gedichte. Im Anschluß an die Lectüre und die schriftlichen Uebungen die Lehre von der Orthographie und Interpunction, die Lehre vom einfachen Satz und das Nothwendigste vom zusammengesetzten Satz und von der Formenlehre. Wöchentlich abwechselnd ein Aufsatz oder ein Dictat. 3 St. Görges. — 3. Lateinisch: Wiederholung und Befestigung des Pensums der Sexta, die unregelmäßige Formenlehre nebst den wichtigsten syntaktischen Regeln nach Kühners Elementargrammatik der lateinischen Sprache (I. bis IV. Cursus). Wöchentlich ein Exercitium und ein Extemporale. Seit Johannis Lectüre des kleinen Herodot von Weller. 9 St. Görges. — 4. Französisch: Plötz, Elementargrammatik, Lect. 1—60. Alle 14 Tage ein Exercitium, zuweilen ein Extemporale. 2 St. Ohlendorf. — 5. Geschichte: Griechische Sagengeschichte. 2 St. Schneidewin. — 6. Geographie: Die Elemente der mathematischen Geographie. Die außereuropäischen Erdtheile. 2 St. Schneidewin. — 7. Naturgeschichte: Im Sommer Botanik, im Winter Zoologie. Vergleichen

und Unterscheiden von Pflanzen- und Thierarten, die zu einer Gattung gehören. Lübens Leitfaden, Cursus II. 2 St. Ohlendorf. — 8. Rechnen: Schwierige Formen der vier Grundrechnungen, Zeitrechnung; Rechnen mit gemeinen Brüchen; nach Loebnitz. 2 Stunden. Kopfrechnen 1 Stunde. Berg. — 9. Schreiben: Deutsche und lateinische Schrift nach den Vorschriften von Fr. Hoffmeyer. 2 St. Niebour. — 10. Zeichnen: II. Ordnung. Frei-Handzeichnen nach Vorzeichnungen an der Wandtafel, und von Michaelis an Einführung des Netzzeichnens. I. Ordnung. Zweckmäßige Stufenfolge von leichten zu schweren Vorlagen nach Hermes. 2 St. Niebour. — 11. Singen: Erklärung der musikalischen Zeichen und der leichten Durtonarten in Kreuzen und Been. Scalensingen. — Treffübungen nach Widmann's Gesanglehre für Gymnasien. Notenlesen im Tempo bei sämmtlichen Uebungen und Liedern. Zweistimmige Lieder 29 Choräle. 2 St. Wilkening. — 12. Turnen: 2 St. Jördens.

Septa. Ordinarius: Gymnasiallehrer Ohlendorf.

1. Religion: Biblische Geschichten des Alten Testaments; aus dem Neuen Testament Jesu Jugend, Leiden und Auferstehung. Das erste Hauptstück mit Luthers Erklärung durchgenommen, das zweite und dritte ohne dieselbe gelernt; Bibelsprüche und Gesangverse. 3 St. Ohlendorf. — 2. Deutsch: Lesen und Besprechen der Lesestücke (Hansen deutsches Lesebuch II.). Declamation gelernter Gedichte. Unterscheidung der Redetheile, Lehre vom einfachen Satze Formenlehre; Orthographie. Dictate und Aufsätze. 4 St. Ohlendorf. — 3. Lateinisch: Die regelmäßige Formenlehre, mündliche Uebungen im Uebersetzen und Lernen von Vocabeln nach Siebel's Elementarbuch der lateinischen Sprache von Dr. Alb. Müller. Wöchentlich ein Exercitium und im Sommer zuweilen, im Winter regelmäßig ein Extemporale. 8 St. Ohlendorf. — 4. Geographie und Geschichte: Die nothwendigsten geographischen Grundlehren; Uebersicht von Europa, insbesondere Deutschland; im Anschluß daran Einiges aus der Geschichte. 2 St. Görges. — 5. Naturgeschichte: Im Sommer Botanik, im Winter Zoologie. Betrachten einzelner Pflanzen- und Thierarten nach Lübens Leitfaden, Cursus I. 2 St. Ohlendorf. — 6 Rechnen: Die vier Species mit benannten und unbenannten Zahlen und Bruchrechnung nach Loebnitz. 4 St. Ohlendorf. — 7. Schreiben: 4 St. Jördens. — 8. Singen: Erlernung der Noten. Erklärung der gebräuchlichsten musikalischen Zeichen. Die ersten Kreuz-Tonarten. Scalensingen und leichte Treffübungen. Notenlesen im einfachsten Rhythmus. Uebungen aus Widmanns Gesanglehre bis Seite 9, incl. Leichte einstimmige Lieder. Leichte Choräle. 1 St. Wilkening. — 9. Turnen: Combinirt mit Quinta. 2 St. Jördens.

Vorschule. Ordinarius: Lehrer Jördens.

Bis Michaelis in einer Classe vereinigt. (Septima.)

1. Religion: Biblische Geschichte nach Zahn: Repetition und Schluß des N. Testaments. Altes Testament und Geburtsgeschichte Jesu und Johannes. Memoriren: Gesangverse,

Sprüche aus dem Katechismus und das I. Hauptstück ohne Erklärung. 4 St. — 2. Deutsch: Lesen, Erzählen u. Declamieren: aus Hansens deutschem Lesebuche, Th. I. u. II. 4 St. — Grammatik: Starke und schwache Declination, Conjugation. Schriftliche Arbeiten: Diktate und Abschreiben aus dem Lesebuche. 2 St. — 3. Rechnen: Abschnitt I. II. III. aus Franckes Exempelbuche. 8 St. — 4. Schreiben: nach den Vorschriften von Hoffmeyer. 4 St. — 5. Anschauungsunterricht: nach Wandtafeln. 2 St. Jördens.

Im Winter:

Die erste Abtheilung (Septima). 20 St. Ordinarius. Jördens.
Die zweite Abtheilung (Octava). 12 St. Hülfslehrer Klasmann. 4 St. Lehrer Jördens.

Religion: Ausgewählte bibl. Geschichte nach Jahns. Von Michaelis bis Weihnacht 1870 Geschichten des alten Test.; von Neujahr bis Ostern 1871 Geschichten des neuen Test. Auswendig gelernt sind Sprüche aus dem Landeskatechismus und Verse aus dem Gesangbuche. — Lesen. Hansen, Lesebuch I. Theil. — Schreiben: Nach Vorschriften an der Wandtafel und Abschreiben kleiner Lesestücke aus dem Lesebuche. Auswendig gelernt sind kleinere Gedichte und Fabeln. — Rechnen: Nach Löbnitz I. Abschnitt. 12 St. Klasmann. — Anschauungsübungen: Nach Wandtafeln von Winkelmann. 4 St. Jördens.

III. Mittheilungen aus den Verordnungen der Behörden.

Rescr. des Königl. Provinzial-Schul-Collegiums vom 19. April 1870: Genehmigung des eingerichteten Lectionsplans und der beantragten Vermehrung der Stunden des Herrn Niebour sowie Einforderung eines Verzeichnisses der den einzelnen Lehrern obliegenden Correcturen der schriftlichen Arbeiten. — Vom 21. April: Abschriftliche Mittheilung einer Ministerialverfügung vom 10. März 1870 betr. Anschauungsmittel für den Unterricht im Rechnen mit den neuen Maßen und Gewichten. — Vom 17. April: Abschriftliche Mittheilung eines Erlasses des Herrn Ministers vom 15. März 1870, betr. das Maturitätsprüfungsreglement und daran sich knüpfende Bestimmungen. — Vom 30. April: Empfehlung der Volksausgabe des Bilderatlas zur Weltgeschichte von Weißer, zur Anschaffung für die Schulbibliothek. — Rescr. des Magistrats zu Hameln vom 14. Juni. Warnung, den Badeplatz betreffend. — Rescr. des Königl. Provinzial-Schul-Collegiums vom 24. Juni: Anfrage, ob ein Lehrer des Gymnasiums geeignet und geneigt sein möchte, zu Anfang October d. J. an dem sechsmonatlichen Cursus in der Königlichen Central-Turnanstalt zu Berlin Theil zu nehmen. — Vom 25. Juni: Genehmigung der beantragten Verwendung der Maturitäts-Prüfungsgelder zur Anschaffung von Unterrichtsgegenständen. — Vom 29. Juni: Abschrift einer Ministerial-Verfügung vom 18. Juni, betr. die Prüfung der Turnlehrer hinsichtlich ihrer Kenntniß der ersten nothwendigen Hülfsleistungen in Fällen von Körperverletzung. — Vom 1. Juli: Aufforderung zum Bericht über die Zeit der evangelischen

Katechumenen- und Confirmanden-Unterrichts. — Vom 20. Juli: Abschrift eines Ministerial-erlasses vom 19. b. M., betreffend die beschleunigte Abiturientenprüfung derjenigen Schüler, welche der Prima im vierten Semester angehören und als Avantageur in die Armee eintreten wollen. — Vom 21. Juli: Anerkennung für die zu Tage getretenen Aeußerungen vaterländischer Gesinnung und opferwilliger Hingebung der heranwachsenden Jugend unserer Provinz. — Vom 28. Juli: Abschrift einer Ministerialverfügung vom 25. Juli, betr. die Zulassung zur sofortigen Maturitätsprüfung auch solcher Primaner, welche erst im dritten Semester stehen und sich dem Militairdienste widmen wollen. — Vom 5. August: Ernennung des Herrn Conrectors Perz zum Mitglied der Maturitäts-Prüfungs-Commission. — Vom 10. August: Ernennung des Herrn Bürgermeisters Schmidt zum Stellvertreter des Königlichen Commissarius bei der außerordentlichen Maturitätsprüfung. — Vom 30. August: Bestimmungen über die Ausfertigung von Schulzeugnissen zur Darlegung der wissenschaftlichen Qualification für den einjährig freiwilligen Militairdienst. — Vom 25 October: Ernennung des Herrn Conrectors Perz und des Herrn Gymnasiallehrers Jorde zu Mitgliedern einer nach der Circularverfügung vom 23. März 1846 no 2. zu errichtenden Prüfungs-Commission. — Vom 14. Jan. 1871: Aufforderung zur Abhaltung einer beschleunigten Abiturientenprüfung mit denjenigen Schülern der Ober-Prima, welche sich dem Militairstande widmen wollen. — Vom 7. Januar: Abschrift einer Ministerialverfügung vom 25. Nov. 1870, betreffend Nachweisung über die Betheiligung von Lehrern und Schülern an dem deutsch-französischen Krieg. — Vom 22. Februar: Reglement vom 9. August 1870 über das Verhalten der Civilbehörden bei Reisen Sr. Majestät und anderer fürstlichen Personen innerhalb Preußens. — Vom 28. Februar: Anweisung, künftighin 335 Exemplare von dem bei dem hiesigen Gymnasium erscheinenden Programme an das Königl. Provinzial-Schul-Collegium einzusenden.

IV. Statistische Angaben.

1. Curatorium.

Bürgermeister Schmidt, Vorsitzender. Obergerichtsrath Mertens, Compatronats-Commissarius. Director Dr. Regel. Senior Grütter. Senator Schulz. Obergerichtsanwalt Hoppe.

2. Reifeprüfungs-Commission.

Schulrath Schmalfuß aus Hannover, Königlicher Commissarius. Bürgermeister Schmidt. Director Dr. Regel. Rector Theilluhl. Conrector Rose. Conrector Perz. Gymnasiallehrer Jorde.

3. Prüfungs-Commission

für audere als für Maturitäts- und Abgangsprüfungen.
(Seit dem 25. October 1870.)

Director Dr. Regel. Conrector Perz. Gymnasiallehrer Jorde.

4. Lehrer-Collegium.

Director Dr. Regel. Rector Theilkuhl. Conrector Roje. Conrector Berg. Gymnasiallehrer Dr. Dörries. Gymnasiallehrer Dr. Schneidewin. Gymnasiallehrer Forcke. Gymnasiallehrer Dr. Oetling. Gymnasiallehrer Görges. Gymnasiallehrer Chlendorf. Lehrer der Vorschule: Abtheil. I. Jördens; Abtheil. II. interimist. Klusmann. Zeichenlehrer Niebour. Musiklehrer Organist Wilkening.

5. Verhältnisse der Schüler

	Vorschule Abth. II.	Abth. I.	VI.	V.	G.IV	R.IV	G.III	R.III	II.	I.	Summa.
Bestand zu Ostern 1870 . . .	50		42	51	26	16	31	13	8	12	249
Darunter Auswärtige	1		9	20	8	4	15	9	5	7	78
Seit Ostern 1870 neu aufgenommen	11	30	14	6	5	1	6	—	3	1	77
Seit Ostern 1870 abgegangen:											
Zur Universität	—	—	—	—	—	—	—	—	—	4	
Zu sonstigen Fachschulen . . .	—	—	1	—	—	—	—	4	—	—	
Zu anderen Schulen	—	2	5	3	2	—	1	—	1	1	
In den Militairdienst	—	—	—	—	—	—	—	—	—	6	
Ins bürgerliche Leben	—	—	—	1	—	6	1	4	4	—	
Durch den Tod	—	—	—	—	—	1	—	—	—	—	
Im Ganzen	—	2	6	4	2	7	2	8	5	11	47
Bestand vor Ostern 1871 . . .	33	32	45	55	35	14	32	5	22	6	279
Darunter Auswärtige	1	2	6	20	18	4	15	1	13	4	84
Curse der Classen nach Jahren	1	2	1	1	1	1	2	2	2	2	
Durchschnittsalter der Schüler vor Ostern 1871	7½	8⅝	10¾	12¾	14⅛	14	15½	15	17½	18¾	

Im verflossenen Schuljahre sind zwei außerordentliche Reifeprüfungen auf Grund der Ministerialverfügung vom 25. Juli 1870 und des Rescriptes des Königlichen Provinzial-Schulcollegiums vom 14. Jan. 1871 abgehalten worden. Außerdem hat eine regelmäßige Reifeprüfung vor Ostern d. J. stattgefunden.

A. Außerordentliche Reifeprüfungen.

a. August 1870. Die schriftliche Prüfung wurde in den Tagen vom 8. bis 10. Aug., die mündliche am 11. August unter Vorsitz des Herrn Bürgermeisters Schmidt als Königl. Commissarius und unter Mitwirkung des Herrn Obergerichtsraths Mertens als Königl. Compatronats-Commissarius gehalten. Das Zeugniß der Reife erhielten beide Aspiranten, welche sich behufs Eintritts in den Militairdienst zur Prüfung gemeldet hatten.

b. Januar 1871. Die schriftliche Prüfung fand statt in den Tagen vom 18. bis 21. Januar, die mündliche unter dem Vorsitz des Herrn Schulraths Schmalfuß als Königl. Commissarius am 31. Januar. Das Zeugniß der Reife erhielten alle drei Aspiranten, welche sich auf Grund des oben angeführten Rescriptes zur Prüfung gemeldet hatten.

B. Ordentliche Reifeprüfung zu Ostern 1871.

Die schriftliche Prüfung wurde mit der der vorhergenannten Abiturienten, welche im Januar zu der beschleunigten Prüfung zugelassen worden waren, verbunden, die mündliche am 2. März unter dem Vorsitz des Herrn Schulraths Schmalfuß in der gewöhnlichen Weise abgehalten.

Laufende №.	Name	Vorname	Confession	Geburtsort, Tag, Jahr	Stand u. Domicil des Vaters	Schüler d. Gymn. seit:	Schüler d. Prima seit:	Lebensberuf
	**A. Außerordentliche Prüfungen.** **a. August 1870.**								
1.	Bevejahn,	Otto,	lutherisch.	Hameln, 29. Juli 1850.	C.G.A. in Hameln.	Ostern 1867.	Ostern 1869.	Militairdienst
2.	Rost,	Karl,	lutherisch.	Hameln, 28. Dec. 1851.	Fabrikant in Hameln.	Ostern 1867.	Ostern 1869.	Militairdienst
	**b. Januar 1871.**								
1.	Wedekind,	Erwin,	lutherisch.	Hameln, 28. Mai 1853.	R. u. C.-G. in Hameln.	Ostern 1867.	Ostern 1869.	Militairdienst.
2.	von Reden,	Wilhelm,	lutherisch.	Hannover, 6. Dec. 1852.	Oberst z.D. in Hameln.	Ostern 1868.	Ostern 1869.	Militairdienst.
3.	Bothmer,	Wilhelm,	lutherisch.	Barsinghausen, 2.3.1851.	Pastor predigt zu Barsinghausen.	Ostern 1867.	Ostern 1869.	Militairdienst.
	**B. Ordentliche Prüfung.** **Ostern 1871.**								
1.	Stöver,	Adolf,	lutherisch.	Hameln, 7. Febr. 1851.	Dr. juris in Hameln.	Ostern 1867.	Ostern 1869.	Philologie.
2.	Stöver,	Karl,	lutherisch.	Hameln, 9. April 1851.	Oeconom zu Hameln.	Ostern 1867.	Ostern 1869.	Philologie.
3.	Röller,	Wilhelm,	lutherisch.	Oehrte, 1. Septbr. 1852.	Superintendent zu Ronnenberg.	Ostern 1870.	Ostern 1870.	Medicin.

V. Vermehrung der Lehrmittel.

1. Allgemeine Bibliothek.

a. **Geschenkt:** Von Sr. Excellenz dem Herrn Minister der geistlichen, Unterrichts- und Medicinalangelegenheiten: Eine Parthie von Schulprogrammen ausländischer Staaten. Vom Königl. Provinzialschulcollegium: Zeitschrift für den historischen Verein für Niedersachsen, Jahrgang 1869; Verhandlungen der zweiten schlesischen Directoren-Conferenz 1870. Vom Herrn Consul Schläger: eine Reihe von Büchern aus der Bibliothek seines Vaters, des verstorbenen Seniors Dr. Schläger, und Hamelnsche Anzeigen, Jahrgang 1870. Vom Herrn Fabrikanten D. Seiffert: Clens Naturgeschichte mit Abbildungen. Von der Hahnschen Hofbuchhandlung zu Hannover: Register zu Guthes Geographie; Müller, über Erziehung und Bildung; Eichert, Wörterbuch zu C. Curtius Rufus; Koch, Wörterbuch zu Xenophons Memorabilien; Koch, Homers Iliade, Heft 2 und 3; Scherling, Vorschule und Anfangsgründe der descriptiven Geometrie. Von dem hiesigen allgemeinen Leservereine mehrere Hundert historische und geographische Werke. Vom Herrn Geh. Justizrath Grisebach: eine Partie Vierteljahrskataloge.

b. **Gekauft:** Verschiedene Werke philologischen, historischen und pädagogischen Inhaltes.

2. Schülerbibliothek.

a. **Geschenkt:** Vom Secundaner Kreusler: Auf- und Abwärts, Spamerscher Verlag; Springer, Robin Hood; Draußen und Daheim, Spamerscher Verlag. Vom Tertianer G. Müller: Armbrust, Blätter für die Jugend.

b. **Gekauft:** Lane, Nordpolfahrer; Schmid, Rosa von Tannenburg und die Osterrier; Timmermann, malerische Reisen, 1 und 2; F. Schmidt, Wilhelm Tell, Gudrun, Friedrich der Große, der große Churfürst; Otto, der große König und sein Rekrut, 1 und 2; Schmidt, Reinecke Fuchs; Werner, das Buch von der norddeutschen Flotte.

3. Wandtafeln, Karten und Abbildungen zum Gebrauche beim Unterricht.

a. **Geschenkt:** Vom Herrn Obergerichtsanwalt Hoppe: Specialkarte von Deutschland von Ravenstein.

b. **Gekauft:** 6 Bilder für den Anschauungs- und Sprachunterricht, Winkelmann und Söhne. — Die Länder der heiligen Schrift, entworfen von Schäffer. — Neueste Karte der Erde mit Rücksicht auf die Bedürfnisse des Handelsstandes, von Bromme und Baur. —

10 Tafeln der neuen Maße und Gewichte, Müller in Berlin. — Karte des Preuß. Staates und des norddeutschen Bundes von Rappard. — Vierzehn Wandtafeln zur Veranschaulichung antiken Lebens und antiker Kunst von von der Launitz. — Karte von Deutschland von Möhl. — Tafel zum Netzzeichnen.

4. Das physikalische Kabinet.

a. **Gekauft:** 1 Batterie von 4 Daniell'schen Elementen.
1 Apparat zum Beweise des Spiegelungsgesetzes.
1 Kubikdecimeter.
1 Wage mit Gewichten von 1 Kg. bis 0,1 Gr.
1 Scalenaräometer.
1 Sammlung Glasröhren, Kochfläschchen, Probiergläser ꝛc.

b. **Geschenkt:** Vom Herrn Kreishauptmann Meyer ein Modell einer Dampfmaschine.

Der naturhistorischen Sammlung ist geschenkt worden vom Herrn Senator **Schläger**: ein Stück versteinerten Holzes; von Fräulein Liebermann 25 Holzkästchen mit Glasdeckel, enthaltend eine reichhaltige Käfersammlung, Schmetterlinge, Steine, Muscheln ꝛc. Ein Schrank dazu ist angeschafft worden.

5. Musikalien.

Angekauft: Sängerhain von Gebr. Erck und Greef in 50 Exemplaren.

VI. Schulfeierlichkeiten.

A. Feier des allerhöchsten Geburtstages Sr. Majestät des Kaisers und Königs Wilhelm I.

Mittwoch, den 22. März, Morgens 9 Uhr.

Singchor. Allein Gott in der Höh' sei Ehr'. (Tonsatz von Bach.)

Festrede des Directors.

Singchor. Chor aus dem Oratorium „Judas Maccabäus" von Händel: Seht den Sieger, ruhmgekrönt; mit verändertem Text.

Vorträge der Schüler:

Octava. Paul Dörries: König Wilhelm in Ems.
Septima. Bernhard Schmidt: König Wilhelm ꝛc.
Sexta. Willi Tegèle: Wer ist der Ritter hochgeehrt ꝛc.
Quinta. August Meyer: Auf König Wilhelm von Wolfg. Müller von Königswinter.

Real-Quarta. Karl Dietz: "Frieden! Frieden! jubeln Millionen."
Gymnasial-Quarta. Franz Brünig: Die Straßburger Tanne von Rückert.
Real-Tertia. Friedrich Hinrichs: Lützows wilde Jagd.
Gymnasial-Tertia. Eduard Regel: Sanssouci.
Secunda. Otto Eißfeldt: Zwei Berge Schwabens von Karl Gerok.
Prima. Leopold Leppel: Das deutsche Reich unter den fränkischen Kaisern.
Singchor. (Gebet von Malan für 4 Stimmen.
An die hohe Festfeier schließt sich die Entlassung der Abiturienten an.
Singchor. Motette von Möhring.

B. Oeffentliche Prüfung.

Donnerstag, den 30. März.　　　Freitag, den 31. März.
　　Vorschule.
Zweite Abtheilung (Octava.)　　　**Tertia.**
9—9½ Religion. Knnemann.
　Erste Abtheilung (Septima.)　　9—9½ R. III. Lateinisch. Rose.
9½—10 Religion. Jördens.　　　9½—10 R. III. Englisch. Theilkuhl.
　　Sexta.　　　　　　　　　10—10½ G. u. R. III. Geschichte. Dörries.
10—10½ Lateinisch. Chlendorf.　10½—11 G. III. Lateinisch. Schneidewin.
10½—11 Geographie. Görges.
　　Quinta.　　　　　　　　**Secunda.**
11—11½ Lateinisch. Görges.
11½—12 Naturgeschichte. Chlendorf.　11—11½ Lateinisch. Dörries.
　　Quarta.　　　　　　　　11¼—12 Griechisch. Perß.
2—2½ R. IV. Lateinisch. Rose.
2½—3 G. u. R. IV. Mathematik. Forcke.　　**Prima.**
3—3½ G. IV. Lateinisch. Schneidewin.　12—12½ Griechisch. Regel.
3½—4 G. IV. Französisch. Oelling.　12½—1 Lateinisch. Theilkuhl.

C. Schlußfeierlichkeiten.

Sonnabend, den 1. April, Morgens 9 Uhr.
　　a) Schülervorträge:
Octava. Georg Schotte: "Häschen" Gedicht von Güll.
Septima. Rudolf Wedekind und Karl Sertürner: Schneewittchen von Förster.
Sexta. Willi Schmidt: Das Riesenspielzeug von A. v. Chamisso.
Quinta. Wilhelm Fröhlich: Der rechte Barbier von Chamisso.
Real-Quarta.　　} R. Thiele und A. Homeyer: Main chaude.
Gymnasial-Quarta.

Real-Tertia. Siegmund Schragenheim: Valeur allemande.
Gymnasial-Tertia. Karl Schmidt: Die Fahrt nach dem Ilsenstein, aus der Tragödie Brunhild von E. Geibel.
Secunda. Wilhelm Bergholter: Die Jagd des Moguls v. Strachwitz.
Louis Lewinson: The Burial of Sir John Moore by Charles Wolfe.
Prima. Wilhelm Gudewill: Constantia in rebus adversis parat victoriam.
b. Bekanntmachung der Versetzungen durch den Director.
c. Austheilung der Censuren durch die Classenordinarien.

Gesangstücke,
welche unter Leitung des Herrn Musiklehrers Wilsening während der Handlung zur Aufführung kommen.

Halleluja aus dem Oratorium „Messias" von Händel.
Unter allen Wipfeln ist Ruh', von Kuhlau.
Gebet von Malan.

VII. Uebergang zum neuen Schuljahr.

Die neu aufzunehmenden Schüler haben sich möglichst frühzeitig bei dem Director anzumelden und Montag, den 17. April, Morgens um 8 Uhr im Gymnasium zur Aufnahmeprüfung und Inscription einzufinden. Bei der Aufnahme haben sie einen Tauf- oder Geburtsschein einzuliefern, den sie durch ihren Classenlehrer wieder zurückerhalten.

Das neue Schuljahr beginnt Dienstag, den 1ⁿ. April, Morgens 7 Uhr.

Hameln, den 15. März 1871.

Dr. G. Regel,
Director.